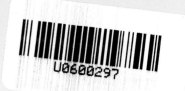

顾爷 著

被甲方逼疯的文艺复兴艺术家们

中国友谊出版公司

图书在版编目（CIP）数据

被甲方逼疯的文艺复兴艺术家们 / 顾爷著 . -- 北京 : 中国友谊出版公司 , 2025. 4. -- ISBN 978-7-5057-6006-6

Ⅰ . K103-49

中国国家版本馆 CIP 数据核字第 2024J6N382 号

书名 **被甲方逼疯的文艺复兴艺术家们**
作者 顾爷
出版 中国友谊出版公司
发行 中国友谊出版公司
经销 北京时代华语国际传媒股份有限公司　010-83670231
印刷 唐山富达印务有限公司
规格 700 毫米 ×1000 毫米　16 开
16 印张　290 千字
版次 2025 年 4 月第 1 版
印次 2025 年 4 月第 1 次印刷
书号 ISBN　978-7-5057-6006-6
定价 88.00 元
地址 北京市朝阳区西坝河南里 17 号楼
邮编 100028
电话 （010）64678009

一切从这里开始……

我曾经在之前一本书中讲过：如果要把“文艺复兴”讲清楚，不是几篇文章甚至一本书就能做到的，估计得把一套书改名为《小顾聊文艺复兴》了。

但如果我真的把书名改了，出版社可能不会付我稿费。

权衡了一下，还是算了，毕竟看我的书的应该都是艺术爱好者，不会拿书里的内容作为研究史料的依据。

所以，我想只用这一本书的篇幅，把我认为的“文艺复兴”的精华部分和大家分享一下，希望读者朋友看完后能对“文艺复兴”这个词有大概的了解。

目录

照亮世界的一道光

圣方济各，1181—1226

“什么是文艺复兴？”

大多数有关文艺复兴的书都会以上面这个问题开头；接着，资深学者或权威专家就会从历史、政治、宗教等领域展开讨论……作者涉猎的范围有多广，那本书就有多厚，结果读者啃完整本书，还是不知道文艺复兴是什么。

其实，越是博学的人越容易把问题复杂化，就好像你去问一个历史考满分的人“奥运会是怎么来的”，他可能会被你的问题震得倒退两步。然后，他会从古希腊的裸男开始，一直讲到现代奥运的发展。

但如果你去问一个不懂这方面知识的人（比如我），他可能把答案浓缩成一句话：“不就是个姓顾的老头画了 5 个圈吗？”专家听了可能会吐血，但也说不出错在哪儿。所以，要用最简单的话解释文艺复兴是什么，其实根本用不了一句话，两个字就够了——

复古！

好了，这本书到此结束，接下来都是插图……

没有啦，我如果真这样写书，一定会被骂吧?

花钱买了书，为了让你觉得物有所值，我先分析一下“复古”这两个字。

复古，说白了就是“复兴古代文明”。

好好的为什么要复古呢？很简单，就是有些人觉得当下的生活太 boring（无聊）了，创新又太麻烦，于是就把老祖宗的东西翻出来玩玩，没想到还玩出了新花样，于是就成了潮流……时尚圈经常会出现这样的现象，隔个几年，晚辈把爷爷的破牛仔衣翻出来套在身上，那就是新的潮流。

那当时究竟有多 **boring** 呢？

你去看看当时的建筑和艺术就知道了。那时的房子外表都是脏兮兮的黄色，窗户都跟脱排油烟机的出风口差不多大，这也导致房间里永远是阴暗、潮湿的。

圣维托雷阿勒修道院

那时的艺术品（祭坛画）也很有特色，虽然看上去都金灿灿的，好像很贵的样子，但画中的人物都是清一色的丧脸。

那时的艺术就是这么丧。

《圣母子》（Madonna and Child）
杜乔·迪·博尼塞尼亚（Duccio di Buoninsegna），约 1290—1300

这就像全世界各大影院只放“丧尸电影”，而且接下来的1000年都只有这一种题材能看，可以想象这有多无聊吗？

《圣母领报》（Annunciation）
西莫内·马丁尼和利波·梅米（Simone Martini and Lippo Memmi），1333

忽然有一天，有人从坑里挖出一套《流星花园》，得知原来在“丧尸电影”之前，电影院里居然放过“青春偶像剧”！接下来，一定会有导演想要拍一部出来，但因为受“丧尸”熏陶太久，开始可能拍的是“丧尸谈恋爱”。但逐渐就有人找到属于这个时代的题材，而他们就是1000年后的**达·芬奇、米开朗琪罗**。

可能你会觉得这太不可思议了，怎么可能1000年只看一种题材呢?

事实上，历史上确实发生过这样的事情，这1000年现在被人们称为——

中世纪
（Middle Ages）。

这个词听起来有点怪。中? 好像在打麻将一样。

之所以起这个名字，因为在它之前是古罗马，在它之后是文艺复兴，两个都是人类历史上非常伟大的文明时期。这两个伟大时期之间的1000年就成了**夹心时期**，故名中世纪。从如此敷衍的名字就能看出，西方人有多不喜欢这个时期。

中世纪还有个名字叫**黑暗时期(Dark Ages)**。那么，当时究竟有多**黑暗**呢? 举个例子，你今天刚认识了一个新朋友，明天就有可能参加他的葬礼。一点不夸张!

怪不得英国人的问候语总是“你好吗? ”（How are you？）

对方如果回答“Fine, thank you”（还好，谢谢）的话，那你们还能愉快地做朋友。

但如果他的回答是“我快死了”，那你还是快点把他“拉黑”吧，因为他很可能不是在开玩笑。

当时的欧洲人是真正生活在水深火热中! 到处都是战争、饥荒、传染病，这也是中世纪艺术如此单调的原因。

因为生活在饥荒和战乱中的人，是不需要艺术的！

不像现在谈个恋爱还得展现你的审美品位，在那个时候，只要你给他肉吃，他就会跟着你跑。

因此，中世纪艺术存在的唯一目的就是：

传播宗教。

中世纪的欧洲人大部分都是文盲，要让他们了解《圣经》的教义，只能通过“看图说话”的方式。而宗教之所以能普及得那么快，和当时社会的“水深火热”是分不开的。你想，你活着的时候就已经很苦了，而且丝毫看不到好起来的希望，所以你当然希望死后不要再受苦，而基督教传播的恰恰就是“只要你听话，死后就能上天堂”的理念。信仰就成了老百姓最后的那根救命稻草。而文艺复兴也正是从“信仰”这棵稻草中生根发芽的。

日本女作家盐野七生女士曾在她的著作中提出，文艺复兴第一人其实并不是大家常说的但丁（Dante）、乔托（Giotto）……而是一位神职人员，他叫**圣方济各（Giovanni di Pietro di Bernardone）**。

他就是照亮世界的那一道光！

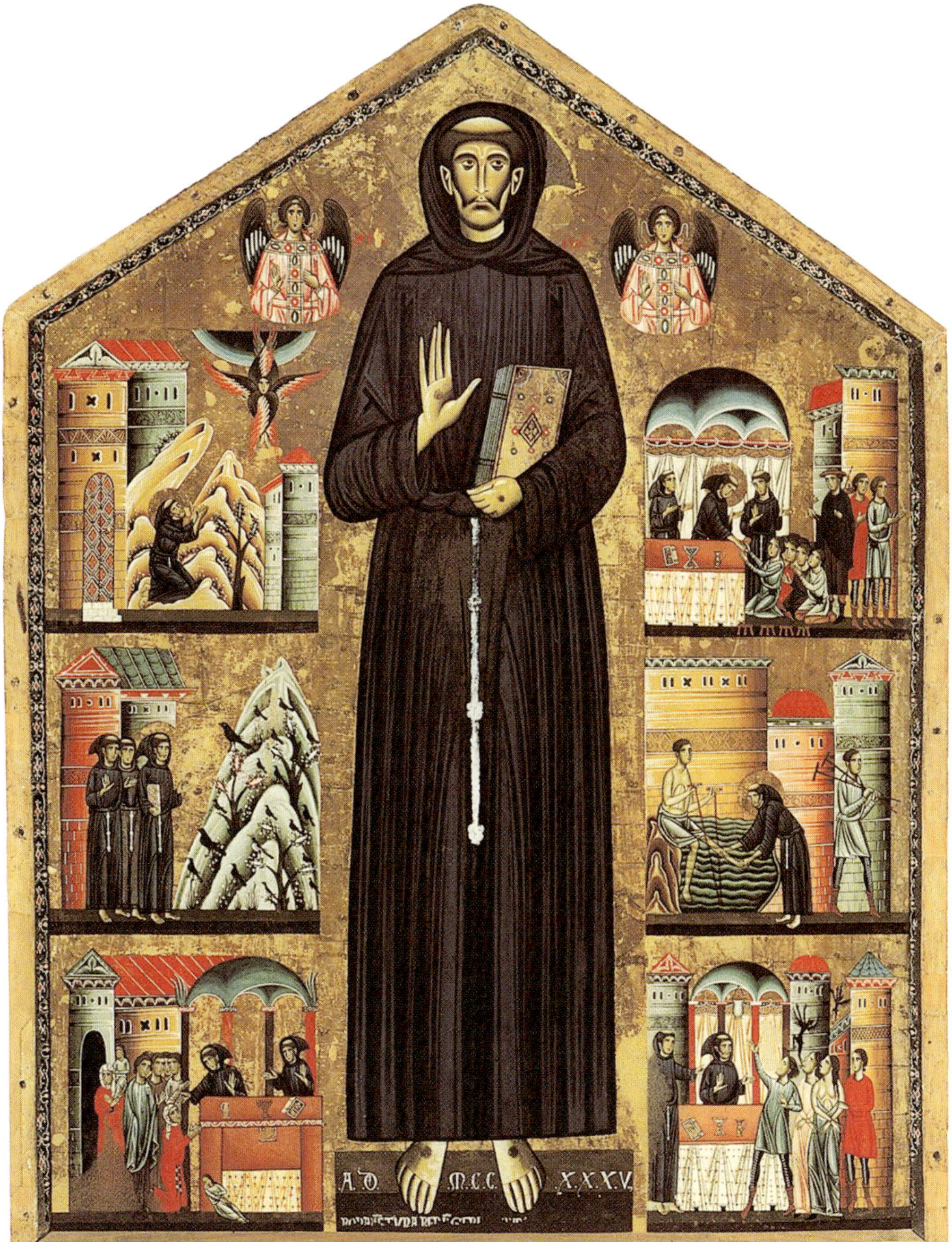

《圣方济各祭坛画》（St.Francis Altarpiece）
博纳文图拉·贝林吉耶里（Bonaventura Berlinghieri），1235

宗教画中的神职人员基本上都穿着传教士的袍子，剃一个“西瓜太郎头”。

你会发现只要名字前带着“圣”字（Saint）的，那他的脑门多数会放光。

在盐野七生女士看来，这个脑门会放光的人正是照亮文艺复兴的那一道光！

这是一个很有意思的观点。

我不知道圣方济各会不会画画，但他肯定算不上艺术家。那他是靠什么来照亮全世界的呢？

他有一项当时的“网红技能”——

圈粉！

《圣方济各的狂喜》
（The Ecstasy of St.Francis）
萨塞塔（Sassrtta），1437—1444

依托着一个超级大IP——天主教，他创办了方济各修道会。由于粉丝(信徒)众多，甚至得到了罗马教皇的承认（类似于现在的“大V认证”，一旦认证完，名字前面就能加个“圣”字）。

而且，教皇认证的不只是方济各修道会的合法性，还认证了圣方济各身上的5个伤疤。

相传耶稣基督曾亲自送给圣方济各一件礼物——在他身上戳了5个洞。不要小看这5个洞，因为这些伤疤与耶稣受难时受伤的位置完全吻合，所以也叫“圣痕”。从此，他便成为教廷认证的“5个伤疤的男人”。

据说圣方济各被戳了5个洞之后，还学会了一项技能：说鸟语（和动物沟通），这就是他总在画像中喂鸟的原因。

《圣方济各接受圣痕》
（St.Francis of Assisi Receiving the Stigmata）
乔托，1295—1300

《圣方济各向小鸟传道》
（St.Francis Preaching to the Birds）
乔托，1297—1299

《圣方济各放弃世间之物》（St. Francis Renounces all Worldly Goods ）
乔托，1297—1299

总之，圣方济各之所以那么受欢迎，主要还是因为他所倡导的价值观。当时的欧洲人对于宗教持不同的态度而被分为以下三类：

1. 有神论者。
2. 无神论者。
3. 信而不迷者。

圣方济各作为一个神职人员，当然是有神论者，但他却不要求信众一定和他一样。

做个信而不迷者，也能上天堂。

圣方济各说：你不需要每天都来修道院修行，只要在日常生活中遵守基督教教规，每年来修道院修行几天，你就能成为一个优秀的基督徒。

光凭这一点，他就广受老百姓的欢迎。

这要怎么理解呢？

我举个例子：假设我开了一个健身房，然后对你说不用每天都来锻炼，每年只要来练一次，就能达到减肥塑身的目的。如果这是真的，相信这个健身房的生意绝对会好到爆棚。

但如果有健身房真这样打广告，你一定会觉得它在瞎扯，因为体重秤上的数字是明摆着的，它会告诉你一年去一次健身房是不可能瘦下来的！（我自己尝试过，确实不会。）

但是，圣方济各的理论妙就妙在它是无法检验的！

因为要检验他说的是不是真的，你就得先死一次！

迄今为止，还没有人能在死后跑回来告诉你他到底是否上过天堂……就算今后科技发达了，能让死人掀开棺材板复活，也依然无法证明圣方济各就是错的。

为什么呢？

在这里，我想先讲一个最基本的常识：人死后会去哪儿？

在基督教里，人死后并不像我们通常所认为的那样，灵魂被拿着镰刀的死神或几个小鬼直接带到阴间接受判官的审判……

在基督教的世界里，人死后的第一站其实是坟墓！

我不是在开玩笑，我是认真的。

首先，你得去坟墓里等着，等什么呢？

等待世界末日的到来……

《最后的审判》（The Last Judgment）
汉斯·梅姆林（Hans Memling），1467—1473

当那一天来临的时候，耶稣基督会重新降临到人世间。

天使们会吹喇叭，唤醒那些坟墓里的人。

然后，大天使会拿起手中的那杆秤来对每个人进行审判，这就是我们常听到的

最后的审判

（Last Judgment）。

这个时候才能决定人究竟是上天堂还是下地狱……

即使科学能让人复活，那个人可能也还是没去过天堂或者地狱，因为世界末日还没来……而且就算世界末日真的来了，反正大家都死了，谁还会想着去质问圣方济各呢?

对于一个中世纪的普通老百姓而言，他们能看到的就是方济各修道会得到了罗马教廷的认可。教皇都觉得他靠谱，那他说的当然可信啦!

以上是圣方济各吸引穷人的一套理念。对待有钱人，他更有一套！

要知道，《圣经》其实是挺“歧视”有钱人的。耶稣说：“有钱人要上天堂，比骆驼穿过针眼还难。”

而圣方济各则没那么“仇富”（当然，这是因为圣方济各自己就是个富二代），他认为：只要你遵守教义，那赚钱其实也是一件好事。你可以把钱捐给修道会，这样就能帮助那些穷人、孤儿和病人……

《三圣贤的朝拜》（Adoration of the Magi）
真蒂莱·达·法布里亚诺（Gentile da Fabriano），1423

这一点受到了富人和中产阶级的广泛欢迎，“我至少不用整天想着宰骆驼了，只要拿赚来的钱做善事就行了”。这也是后来的巨富（比如斯特罗齐家族、美第奇家族等）愿用那么多的财力和物力来资助艺术发展的原因。

穷人和富人两头通吃，这就是圣方济各会受欢迎的原因。

而接下来这点，才是圣方济各**照亮文艺复兴的第一道光**。

圣马可大教堂内景

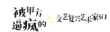

由于基督教蓬勃发展，每个城市都会建造一座教堂。教堂往往都会采用镶嵌工艺和浮雕，制作各种马赛克画和雕塑。

圣方济各认为，教堂是人与上帝交流的地方，因此不宜太豪华（镶嵌画和浮雕既费时又费钱）。

但他同时也认为，让人们了解《圣经》的故事还是很有必要的。于是，教堂中开始出现各种各样的湿壁画（Fresco），因为湿壁画既朴实又省钱。

由此诞生了一大批湿壁画工匠……

阿雷纳礼拜堂（也称斯克罗韦尼礼拜堂）内景
帕多瓦，1305—1306

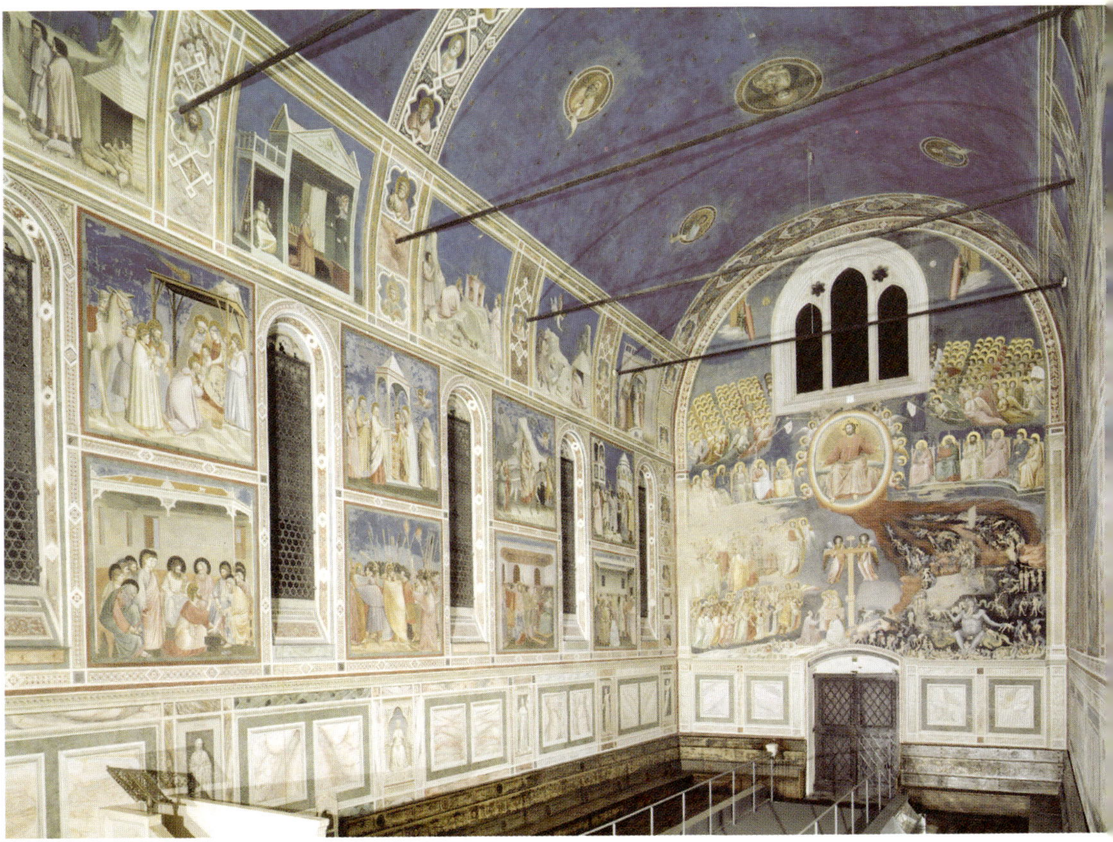

在这批湿壁画工匠中，有一个人名叫**乔托**。

他被公认为**“欧洲绘画之父”**（我在下一个章节会详细介绍）。

按照这个逻辑，圣方济各确实是文艺复兴的奠基人……这就好像在说孙悟空的师父菩提老祖其实是《西游记》的奠基人一样。

历史本来就是一环扣着一环的，所以“奥运会就是个姓顾的老头画了5个圈”也不能算错吧……

欧洲绘画之父

乔托，1267—1337

乔托塑像

乔托·迪·邦多纳（Giotto di Bondone）被称为

“欧洲绘画之父”，

是与**但丁**齐名的人。

他为什么被称为“欧洲绘画的爸爸”呢？

废话不多说，我们直接来看他的画吧！

《逃亡埃及》（Flight into Egypt）
乔托，1304—1306

你现在是不是很诧异：

他都画成这样了，还“第一人”？还“爸爸”？

这个问题要这样看，

史蒂夫·乔布斯（Steve Jobs）厉害吧！他俩名字都带“乔”……

这不是重点！

重点是：乔托在绘画界的地位，就相当于乔布斯在手机界的地位！

怎么理解呢?

绘画并不是乔托发明的，但乔托却将绘画

带入了一个全新的领域。

乔托的画，就好比乔布斯的第一代 iPhone。现在，如果让你用第一代 iPhone，你肯定会嫌弃它（速度慢，存储空间小，像素低……），但它诞生的那一刻却“亮瞎“了所有人的眼。

这就是乔托在艺术史上的地位！

我们先来看一幅画：

《宝座上的圣母》（Ognissanti Madonna）
乔托， 1310

这幅画现在挂在乌菲兹美术馆，是一幅典型的祭坛画。

圣母玛利亚怀抱耶稣坐在画面正中的椅子上，椅子被使徒和天使环绕着。这种题材经常出现在中世纪的祭坛画上……

《马塞塔》（Maestà，又叫《庄严圣母子像》）
杜乔，1308—1311

乔托是如何把一幅普通的祭坛画变成“iPhone”的呢？我们先找几幅同题材的祭坛画来对比一下：

① 契马布埃“圣像”
② 杜乔“圣像”
③ 乔托“圣像”

请注意玛利亚的胸部……

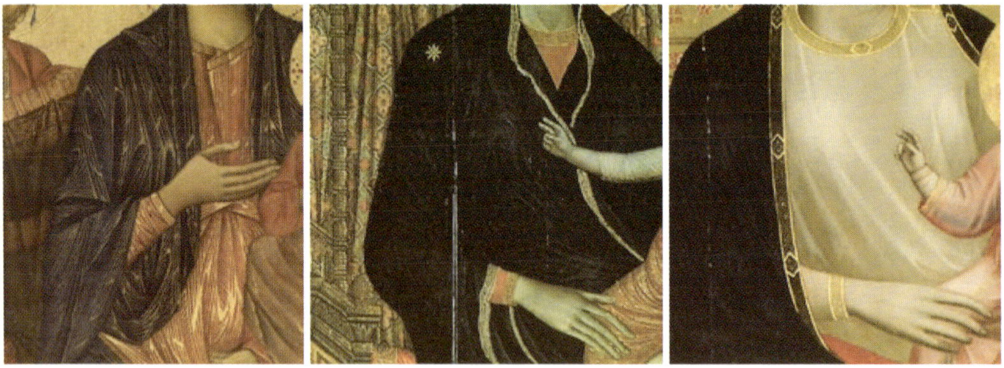

有没有发现，乔托笔下的玛利亚的胸部明显比其他画中的大？

我完全没有调侃或亵渎圣母的意思，我们纯聊绘画技法。

乔托画的玛利亚的胸部有明显的**“凸起感”**，而这种**“凸起感”**就是乔托在绘画上的**革命。**

（你可能会感到有些不可思议，要知道在乔托那个时代，这已经是很大的进步了。）

乔托在二维空间里创造出了一种立体感，这在绘画中叫

透视法

（perspective）。

再看圣母玛利亚两边的人，**立体感会更加明显。**

其他画家的画中，两边的人物都是**堆在那儿**或者**飘在半空中的；**而乔托笔下的人物，感觉真的是“由远到近”排列的！

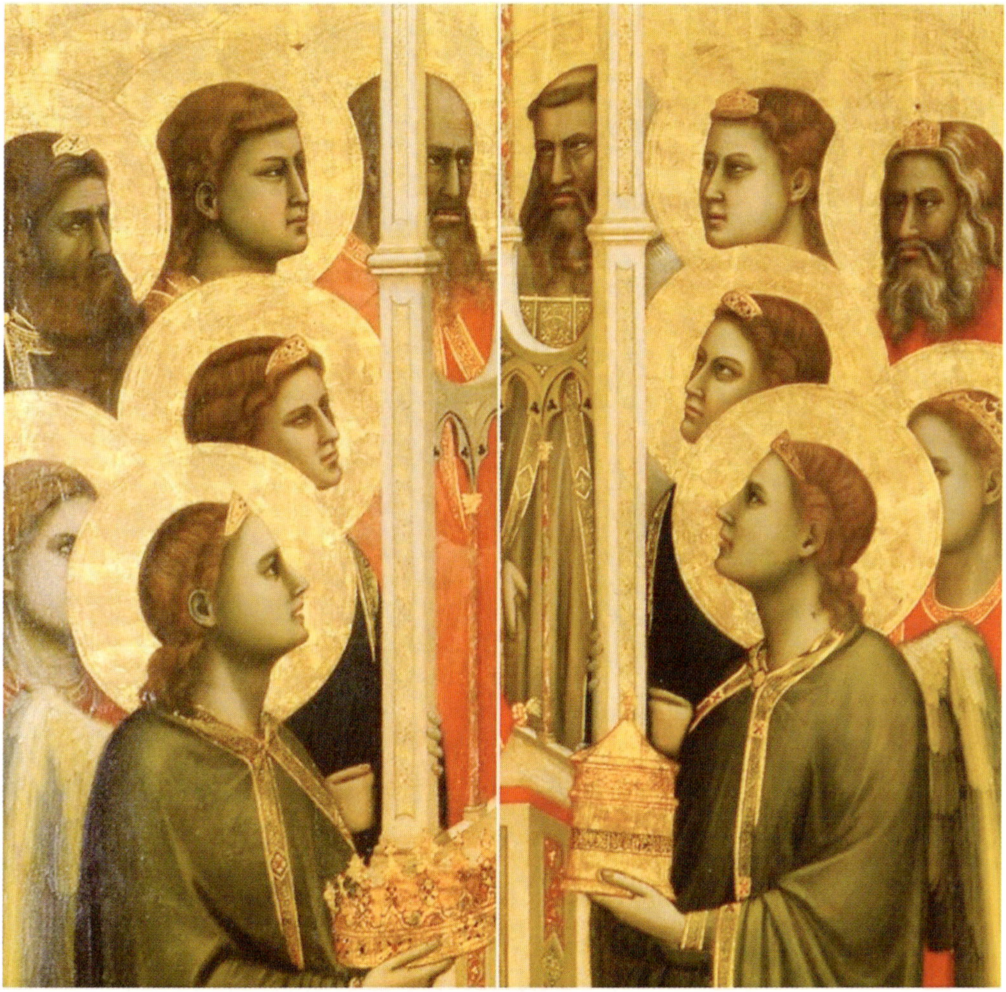

《宝座上的圣母（局部）》（Ognissanti Madonna）1310

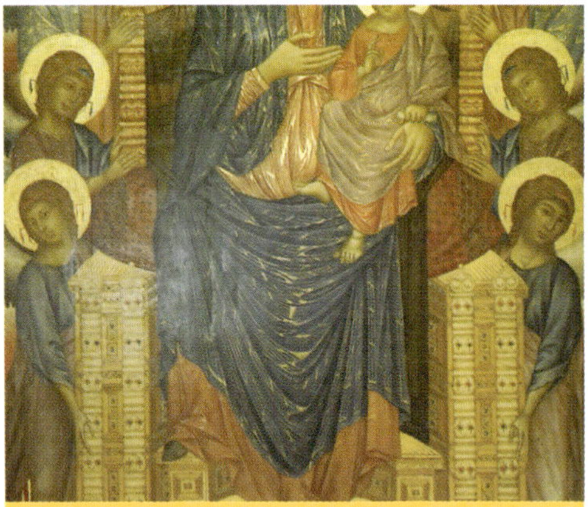

或者堆在那儿

或者飘在半空

（圣彼得和圣保罗很有心机地站在后排，脸虽然小了，但被椅子挡住了，看上去一脸悲伤。）

所以，人们经常说乔托是一个**能画出真实、自然的画家，**即便画中有些不符合自然规律的地方。

（比如每个人的脑门都像电灯泡似的会发光。不过，这是圣人的“标配”，脑门不发光，老百姓会看不懂。）

乔托钟楼

不管怎么样，乔托已经使西方绘画迈出了

一大步！

他之所以将“透视法”加入到绘画中，我想应该和他的另一个职业分不开——建筑师[佛罗伦萨圣母百花大教堂（Cathedral of Saint Mary of the Flower）前的那个钟楼就是他设计的]。

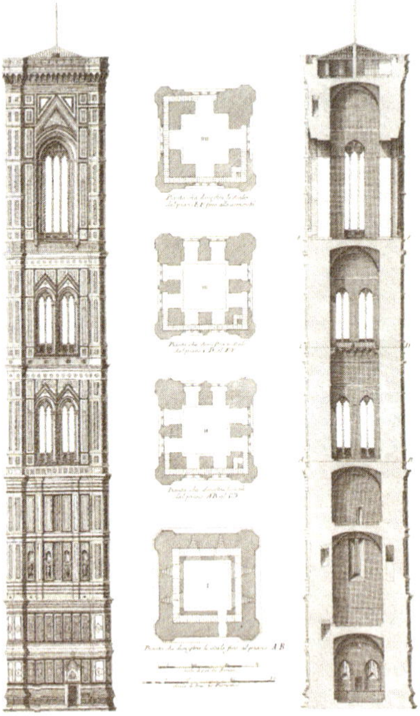

乔托钟楼　设计图

像乔托这种文艺复兴早期的匠人，通常都是身兼数职的。

画建筑图纸当然要符合自然规律，并且越科学越好。

除了画家和建筑师的身份外，乔托在建造斯克罗韦尼礼拜堂的项目中，还同时担任“装修队包工头”。

在斯克罗韦尼礼拜堂的墙壁上有一幅他的代表作：

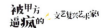

《犹大之吻》（Kiss of Judas）
1304—1306

《圣经》中记载，叛徒犹大用一个吻向追捕耶稣的士兵指认了耶稣，大弟子圣彼得顺手挥刀割下其中一个追捕者的耳朵。

故事很简单，但乔托画得却一点儿都不简单。

注意这个穿红袍的大胡子，他明显站得比其他人更靠近“镜头”，这就自然而然地制造出一种“透视感”。

左边居然还有一个背对“镜头”的人，这在之前的画作里是从来没有见过的。（不画脸，你画他干吗？）

在整幅画中，露脸的总共就没几个，却给人一种“拥挤感”。

主角（耶稣和犹大）身后还有一大片黑压压的人头，乔托完全没有顾及“群众演员”的感受。

除了透视，乔托还会运用画面来控制观众的视觉。

这种看似现代的画法，乔托早在 700 多年前就已经开始用了。

同样是在斯克罗韦尼礼拜堂的墙上，还有另一幅画：

《哀悼基督》（The Mourning of Christ），1304—1306

很明显，主角耶稣基督并不在画面的中心，因此乔托在背景里加上了半堵土墙（也可能是土堆），将观众的视线引向画面的主角。

这种“指哪儿打哪儿”的画法，在几百年后成了大师伦勃朗和维米尔的绝技。

伟大的人不可能只在一个地方伟大！

乔托不仅为西方绘画带来了透视和视觉控制，还带来了最重要的一点——

表情！

在乔托之前，几乎所有宗教画里的人物都摆着一张丧脸。从圣母到天使，甚至到婴儿耶稣，都是清一色的苦瓜脸。现在的游客逛教堂的时候可能会纳闷儿：“他们究竟在和谁生闷气？”

其实，这是一种表现手法。神没有表情，就会显得更加威严。你想一下，世界上哪座庙里的佛是嬉皮笑脸的？

从学术的角度讲，这叫

神性高于人性。

意思就是说，神是没有表情的，有表情就不高级了，喜怒哀乐只有凡人才会有。

但是，请注意乔托这幅画里的圣母。她怀抱着儿子的尸体，表情如此悲痛……她是如何突破演技局限的？

这还要归功于前一章提到的圣方济各。圣方济各走的是亲民路线，传说他甚至会给小鸟布道，告诉它们要感谢上帝赐予的食物和庇荫的树木。方圆百米的小鸟听到圣方济各的

布道，都聚集在他跟前……

这幕场景看起来是不是很温情、很有爱心？（我相信小鸟看中的肯定不是撒在地上的花生米。）

《圣方济各向小鸟传道》（St. Francis Preaching to the Birds）
1297—1299

既然圣方济各走亲民路线，那么乔托作为他的“公关总监”（傅雷先生称他为“方济各的历史画家”）自然会把这个“卖点”贯彻始终。所以，他的壁画中的人物会让观众感觉更真实、更容易亲近。

乔托是第一个给这些神加上“表情”的艺术家。

画的还是同样的神，有了表情，人物就有了灵魂，观众也更容易“入戏”。

表情，就是开启文艺复兴的一把钥匙。

从此，艺术家们开始把注意力从神的身上挪到了人的身上。

而打造这把钥匙的人，就是——

乔托。

因此，他也无愧于“欧洲绘画之父”这个称号。

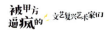

天堂之门

布鲁内莱斯基，1377—1446

在意大利的托斯卡纳大区，有一座古老的城市——佛罗伦萨。

整座城市就像一座巨大的博物馆，每个角落都洋溢着艺术的气息。

佛罗伦萨

佛罗伦萨还有另一个充满诗意的中文名——翡冷翠，是诗人徐志摩取的。徐志摩似乎很喜欢给旅游景点取名字，比如“康桥”（剑桥）、“佛朗德福”（法兰克福）……

不管怎么说，“翡冷翠”这个名字还是很接近意大利语“Firenze”的发音的。

我并没有打算在这本有关文艺复兴艺术的书里混一篇意大利游记，只是想借“翡冷翠”这座城市，介绍一个和文艺复兴息息相关的家族 —— 美第奇（Medici）。

《三博士来朝》（Adoration of the Magi）
桑德罗·波提切利（Sandro Botticelli），1470–1475

整个佛罗伦萨，可以说就是美第奇家族开发的。

如果你去网上搜“美第奇”，很可能会找到这样的句子：“……如果没有美第奇，文艺复兴一定不会是现在这个样子。”像我这种写不严肃历史的人，就特别喜欢这类句子，因为它听上去好像很有道理，但却没有任何意义，你还不能说它是胡说八道。

类似这样的句子，我可以写一万条不带重样的……

比如：

1. 没有乔布斯，手机可能不会是现在这个样子。
2. 没有弗格森，曼联不可能是现在的样子。
……

从历史的角度看，美第奇家族除了在艺术品和艺术家身上猛砸钱外，对文艺复兴似乎没有什么直接的影响，毕竟他们家的人自己不会创造艺术品。

美第奇家族和文艺复兴之间的关系，就是“我负责给你钱，你负责给我美”。

现代人对美第奇这个名字可能会有些陌生，因为这个家族早在几个世纪前就已经不复存在了。

但如果穿越回文艺复兴时期的佛罗伦萨，这家人的知名度要远远超过现在中国澳门的何家和香港的李家，甚至是美国的洛克菲勒家。

这是美第奇家族的族徽。有族徽的建筑，就代表是他们家的产业。

美第奇家族的徽章

如果你有机会去意大利玩，会发现美第奇家族的产业不仅覆盖整个佛罗伦萨，甚至辐射到整个意大利。

族徽上有 6 个圆点，传说代表 6 颗小药丸，但美第奇家族并不是开药房的，那为什么要把药片放在自家的“注册商标”上呢?

据说，这是因为他们的名字“Medici”和 Medicine（药）发音很像，于是便诞生了这个带有 6 颗小药丸的族徽。

总之，以上这些只是传说，美第奇家族自己也不承认。

根据记载，他们一开始是做羊毛、纺织品生意起家的，但他们的经营范围毕竟不是北极，皮草在意大利并不算是“刚需产品”。当时，要从小作坊的生意人变成顶级富豪只有一个办法，就是——

开银行！

（说的好像开银行很简单似的，其实现在看看还真的挺简单的……）

14 世纪末，美第奇家族在佛罗伦萨开设了第一家银行。

右图是美第奇银行的创始人：**乔凡尼·迪·比奇·德·美第奇（Giovanni di Bicci de' Medici）**

乔凡尼·迪·比奇·德·美第奇的画像

这种所谓的银行，和我们现在的农村合作社差不多。

说白了，就是开在他家毛皮店后院的“放贷公司”，规模不大，却是这个庞大金融帝国的起点！

在中世纪，对于一个天主教徒来说，如果一生只有一次旅行机会，那他心目中的首选目的地一定是梵蒂冈。原因很简单，因为那儿有教皇。目的地一生至少去一次梵蒂冈，看教皇在他那个小阳台上挥一次手，是每个天主教徒毕生的愿望。

而佛罗伦萨恰好又在膜拜教皇的必经之路上，信徒们在进入梵蒂冈之前，通常会在佛罗伦萨歇歇脚。

佛罗伦萨的位置

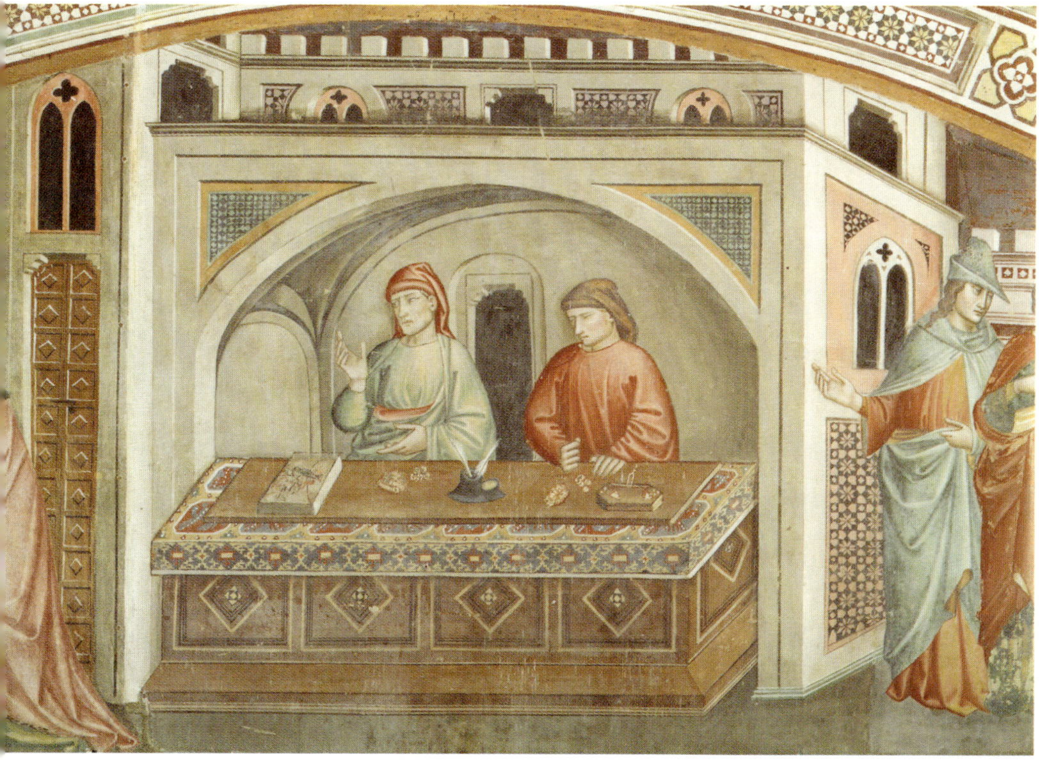

中世纪的银行家

于是，特别有商业头脑的**乔凡尼·迪·比奇·德·美第奇**嗅到了商机！

他在美第奇银行里开设了一项新业务——**兑换外汇**。

15 世纪人们要去一次梵蒂冈，可不像现在这么容易。对于一个小康家庭来说，去一次梵蒂冈很可能要用光他们一生的积蓄（小康以下的家庭想都不用想）。因此，当时市场需要的货币量也很大，而美第奇就靠着换外币这项“黄牛”业务，逐渐从一个小商贩发展成了银行家。

因此，也有人传说他们族徽上的 6 个小球很可能是 6 个小金币。如果真是这样的话，多少有点炫富的味道……

其实做有钱人应该挺累心的，而且穷人们总喜欢为他们总结发家的原因：

创业者叫“暴发户”；他的儿子叫“富二代”；孙子就是“富不过三代”……

美第奇直接把金币镶在族徽上的行为看起来似乎挺洒脱的，有种“我就是有钱，你能把我怎么样”的感觉。

炫富可能是有钱人抒发苦闷的一种方式吧！谁知道呢……

总之，一个人要炫富，可能会用昂贵的服饰和日用品来装点自己；一群人要炫富，就会开始建造一个标志性建筑，以证明住在这儿的人与众不同。

几乎每个城市都会经历这样的历史阶段，像天气预报里出现的每个城市的照片就是当地集体炫富的最好例子。（开罗的狮身人面像，巴黎的埃菲尔铁塔，上海那些摩天楼……）

而说到佛罗伦萨，自然而然就会想到**圣母百花大教堂**。

圣母百花大教堂

骄傲、富有的佛罗伦萨人想要造一座无与伦比的大教堂，来满足他们的虚荣心、彰显自豪感。

于是，他们设计了一张十分宏伟的图纸。

但按照图纸盖了没多久就停工了，因为他们发现教堂造得太大了，顶好像封不起来呀！

圣母百花大教堂图纸

比萨斜塔

你如果熟悉意大利人的历史，就会发现只有意大利人会搞出这种“乌龙”……意大利人可能是建筑史上最擅长搞乌龙的民族，他们民族的象征之一——**比萨斜塔（Torre di Pisa）**，就是最好的例子。

比萨斜塔不是地震震歪的，是真的造歪了！

接下来，整座佛罗伦萨城的人只能天天望着这个没天花板的烂尾楼苦笑，一笑就是50多年。

终于，出现了一个年轻人！

他是乔凡尼·迪·比奇·德·美第奇的儿子，名叫**科西莫·迪·乔凡尼·德·美第奇（Cosimo di Giovanni de' Medici）**。

《科西莫·德·美第奇》（Cosimo de' Medici）
布龙齐诺（Bronzino）

科西莫从小就对建筑和绘画很感兴趣，并一直梦想要把这个顶封起来。

乔凡尼很支持儿子的梦想，摸着他的头问道：“孩子，你可知道封这个顶最重要的东西是什么吗？”

科西莫笃定地回答道：“是坚定的意志和过人的才智！”

乔凡尼拍了拍儿子的肩膀，语重心长地说道：**“蠢材！你需要的是钱！”**

这当然不是这对父子之间真实的对话，真正的对话是……我怎么知道？我又不会穿越！

在科西莫的手里，美第奇家族真正地从一个有钱的家庭变成了钱怎么花都花不完的富豪家族！

终于科西莫有了足够的财力来完成他的梦想——**圣母百花大教堂的穹顶。**

然而，这个烂尾楼和一般的烂尾楼还不一样，顶封不起来还不光是资金的问题，主要还有技术问题。

在当时的佛罗伦萨，只有一个人号称能够对抗地心引力，把这个顶封起来。

佛罗伦萨穹顶剖面图

他的名字有点长，叫**菲利波·布鲁内莱斯基（Filippo Brunelleschi）**。为了方便大家记忆，我们简称他为**“小斯基”**。

在圣母百花大教堂的侧面有他的雕塑，永远仰望着他毕生的杰作……

他是如何把这个顶封起来的?

这个故事还要从圣母百花大教堂正对门的洗礼堂开始讲……

布鲁内莱斯基雕像

佛罗伦萨圣乔瓦尼洗礼堂

通常，大规模的教堂都会有一些配套设施，就像大别墅都会带车库和游泳池一样。大教堂一般都会配有洗礼堂和钟楼。

圣母百花大教堂的钟楼是乔托设计的，洗礼堂的大门自然也要找名家来设计。

于是，当时的市政府搞了一次**“翡冷翠好工匠”**的公开招标活动。

几乎整个意大利的顶级工匠都来争这个 doorman（门匠）的头衔（著名的“忍者神龟”多纳泰罗也在其中），毕竟能在这种标志性建筑上留下自己的名字，就必定会被载入史册。

经过一轮轮的过关斩将，名字很长的“小斯基”最终杀入决赛，他的对手是“头发很少”的**洛伦佐·吉贝尔蒂（Lorenzo Ghiberti）**。

洛伦佐·吉贝尔蒂头像

于是，评委导师们为他俩出了一道命题作文：

《以撒的献祭》

（*The Sacrifice of Isaac*）。

这是《圣经》中的一个桥段，讲的是老子杀儿子献给上帝的故事。

他俩分别提供了一个作品：

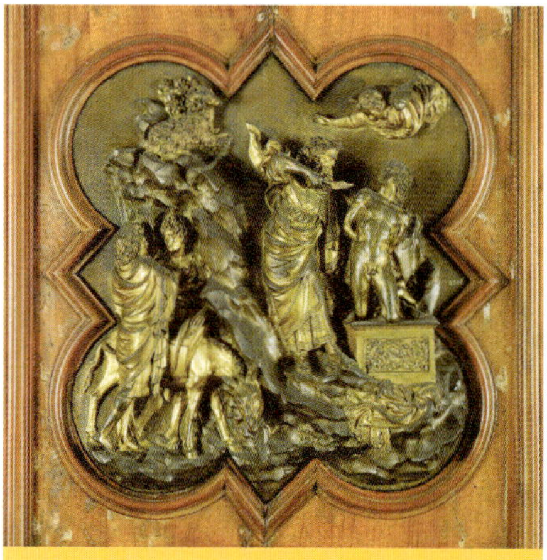

《以撒的献祭》，吉贝尔蒂，1401—1402

《以撒的献祭》，布鲁内莱斯基，1401—1402

说实话，光把这两个作品放在一起，很难看出谁的比较好。

艺术这东西本来就没有一个标准。

经过评委投票表决，最后吉贝尔蒂赢得了冠军。**原因很简单，因为他的门做起来更便宜。**

输掉比赛的“小斯基”决定离开佛罗伦萨这个伤心地，出国进修。

洗礼堂北门

他来到了罗马，参观了著名的万神殿。

万神殿

万神殿当时已经有上千年的历史了。望着这座千年古建筑，“小斯基”忽然冒出了一个想法：“我何不改行做个建筑师呢？”

从此，世界上少了一个二流“门匠”，却多了一个顶级建筑师。

所以说，每个人都有自己发光发热的方式。如果你还没发，说不定只是入错行了……

在罗马练了几年功之后，“小斯基”带着一身“绝世武功”回到佛罗伦萨。

他找到科西莫，对他说：“我能封圣母百花大教堂的顶！”

这里有一个老掉牙的故事：“小斯基”拿出一颗鸡蛋问科西莫有什么方法可以将它立起来，科西莫试来试去也立不起来，“小斯基”拿起鸡蛋啪一下砸在桌上。蛋碎了，蛋黄流了出来，蛋却立了起来。

万神殿内部

这个听着就不靠谱的故事后来还被安在哥伦布等人的身上，这样的故事确实很适合表现一个人敢于突破局限的个性，用英文说，就是“think out of the box”（跳出思维定式）。

不管这个故事是真是假吧，总之后来“小斯基”还真的把这个顶给封了起来。他究竟是怎么封起来的？除了“小斯基”以外，没有一个人知道。因为“小斯基”可能是第一个有知识产权保护意识的人，他怕别人剽窃自己的方案，所以拒绝提供任何有用的信息。人们只知道他是从万神殿的穹顶上得到了灵感，所有的理论全都只停留在猜测阶段。

从这个穹顶开始建造的那天起，就有人在研究他的造法。大部分人都认为这个顶最终会塌，还有些专业人士有理有据地写出了崩塌的理由。但是几百年下来，这个顶还纹丝不动地戳在那儿。

洗礼堂东门

人们总会把自己无法理解的东西归类为“奇迹”，甚至有人会把一些古代建筑归功于外星人。在我看来，这些根本就不是什么奇迹，而是一个或一群天才的神来之笔。那些认为金字塔是外星人建造的人，只是不愿承认自己比古代人笨而已。圣母百花大教堂的穹顶对这些人来说就是最响亮的一记耳光，人人都知道是谁造的，但他就是不告诉你是怎么造的。

顺带一提，在布鲁内莱斯基正着手建造穹顶的时候，他的老对手吉贝尔蒂又受到市政府的委托，要为洗礼堂建造第二扇门。这扇门现在就正对着圣母百花大教堂的大门。当米开朗琪罗第一次看到这扇门的时候，他被它的美丽深深折服，脱口而出道：“这是一扇通往天堂的大门啊！”

所以，这扇门也叫作——

天堂之门。

今天，你可以在佛罗伦萨同时看到吉贝尔蒂设计的门和布鲁内莱斯基设计的顶。

上帝关闭一扇门的同时，说不定会让你去修一个顶。

科西莫望着这个顶，开心地笑了……

有钱人究竟在想什么？

美第奇家族

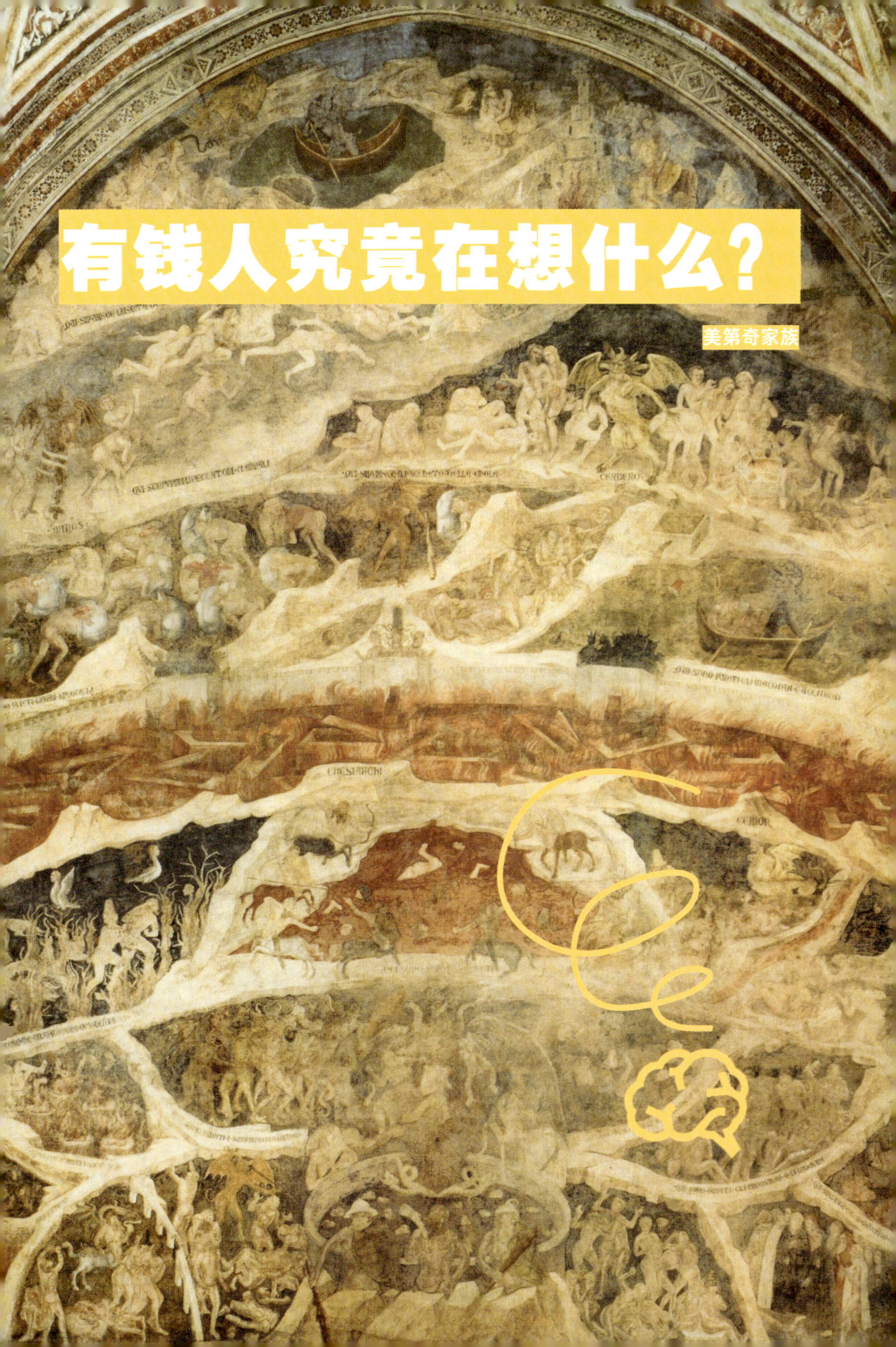

科西莫清楚地知道，一个家族在历史舞台上存在的时间撑死不过几百年，但像圣母百花大教堂这样的“艺术品”，将会长久地在人类历史中屹立不倒。500 年前的人能有这样的眼光，实在是让人钦佩。圣母百花大教堂的完工也更加坚定了美第奇家族想要大力发展艺术的信念。

在科西莫的资助下，圣母百花大教堂的顶终于被封了起来!

你可能觉得纳闷儿，教堂又不能住人，他出钱封那玩意儿干吗?

我们遇到这类问题时，通常都会耸耸肩，然后两手一摊：“你永远搞不懂有钱人是怎么想的……”

美第奇家族盖教堂，除了想要在历史长河里留下一笔外，当然也有做功德和寻找心灵寄托的目的。

除了这些，其实还有更深层次的含义。

我在这本书的第一章里已经提过，当时的有钱人是很不受待见的，而美第奇家族开的又是放贷公司。

在基督教中，高利贷被看作一种恶行。

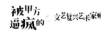

《基督将银行家驱逐出圣殿》（Christ Driving the Money Changers from the Temple）
切科·德尔·卡拉瓦乔（Cecco del Caravaggio），1610—1620

因此，美第奇家族遇到最大的问题就是：

如何“洗白”自己？

这就和“黑社会”想要“洗白”自己是一个道理。在基督教国家，有钱就是罪！这当然说的是中世纪时期。自从圣方济各出现之后，这个局面就得到了改变，有钱人总算找到了赎罪的方式，那就是——把钱给教会。

科西莫·美第奇在成为**富豪**之后，就意识到我们不光要赚钱，还要**“洗白自己”！**

于是他便开始出钱做功德，买一条通往天堂的路，**主要方法就是大量盖教堂。**

《天堂》（Paradise）
纳尔多·迪·乔内（Nardo di Cione），1355

《最后的审判》（The Last Judgment）局部
汉斯·梅姆林（Hans Memling），1467—1473

教堂除了要有祭坛、洗礼堂这些硬件设施之外，还有一样必不可少的软装——**绘画作品。**跨页图是科西莫请人在他的教堂里绘制的巨幅壁画**《三王来拜》。**

根据科西莫的要求，画家把他本人也画了进去。

从这幅画中可以看出，科西莫实在是个**奇葩的富二代。**

别人骑马，他骑骡子……

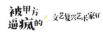

《三王来拜》（The Journey of the Magi）
贝诺佐·戈佐利（Benozzo Gozzoli），1459—1461

据说，他在现实生活中也是这个配置，真不知道这算是低调还是另类。

科西莫用涉足艺术的方式将自己变成了《圣经》中的人物……

法国学者丹纳在他的著作《艺术哲学》中说：“艺术是将高级的东西用最通俗的方式传达给大众，属于既高级又通俗的方式。”

从科西莫这一代开始，美第奇家族开始大力推广艺术，除了想要“洗白”外，还有一个目的就是**他们想要统治佛罗伦萨，所以当然要树立一个亲民的好形象。**

美第奇家族对待艺术可以说是不遗余力的，发展艺术几乎成了他们家族的祖训。

就拿科西莫最喜欢的雕刻家多纳泰罗来说，科西莫一直在资助他，死前还特地留下遗嘱，要送给多纳泰罗一个庄园，以保证他以后能够专心于创作，不再为生计而烦恼。后来，多纳泰罗嫌打理庄园太过麻烦，又去找美第奇家族。结果，科西莫的儿子直接把庄园每个月的收入折现给他……

《洛伦佐的肖像》（Portrait of Lorenzo the Magnificent）
布龙齐诺（Bronzino）

在这种家庭环境的熏陶之下，美第奇迎来了家族史上最牛的掌门人——科西莫的孙子，他被称为“伟大的洛伦佐”（Lorenzo the Magnificent）。

读到这里，你可能会问：科西莫的儿子去哪里了？他是一个病秧子，上位没多久就“杀青”了，所以我们就跳过他了。

从此，美第奇家族便正式进入了

“洗白”2.0 模式。

在开启这个模式之前，我们先玩一次穿越。

2000 多年前的一个夜晚，一位少女在伯利恒的一个马厩中产下一子，三位来自东方的占星师不远万里赶来献上他们的祝福……

马厩中的这个孩子，便是未来的“救世主”——耶稣基督。

这是每个西方人都十分熟悉的故事。

在 1475 年后，一位天才画家将这一幕搬上了画布……

《三博士朝圣》（The Adoration of the Magi）
桑德罗·波提切利
（Sandro Botticelli）
1470—1475

这其实是一幅**很奇葩的画**，画面上方是木匠**约瑟**和**圣母玛利亚**。

三位朝圣的占星师围在他们身旁。

当然，还有这次的主角：小耶稣。

这些该有的都有了，那么现在问题来了——这帮**看热闹的群众都是谁啊?**

还有更奇怪的：本该是主角的耶稣一家，**在画中却沦为背景板！**

这幅画其实并没有表面看上去那么简单。

先看画面最右边，注意这个小子，他好像在盯着我们看。

再看这个正在用手指着自己的人，他好像在对我们说话。他想要说什么？那个看着我们的年轻人又是谁？

回答这些问题的线索，在

画面的左下角。

注意这个人！这个站在一旁、神情高傲的**“大宝剑男”**，才是这幅画的真正主角。他就是**伟大的洛伦佐**！

你如果细心观察，会发现站在他身边的“群演”在样貌上似乎都有几分神似（深色卷发、高鼻梁）。

没错，他们全都是**美第奇家族的“亲友团”**。

这幅画背后的故事其实是这样的：

这个手指着自己的老头，叫作拉玛，在当时的佛罗伦萨靠房地产和放高利贷为生。他指着自己，就是在说“这幅画的单是我买的！”

拉玛不是什么收藏家，甚至算不上艺术爱好者，那他为什么要掏这个钱？

拉玛

这个望着我们的年轻人，叫**波提切利**。

他是当时整个佛罗伦萨最红的画家之一，更重要的是，他也是洛伦佐最喜欢的画家。

波提切利

（这种出场方式相当于在自己作品上“签名”，后来的拉斐尔也用过这种签名方式。）

拉斐尔

这下，关系就理顺了：拉玛要在佛罗伦萨混，就得讨好美第奇家族。于是，他找到了“家族教父”最爱的画家**波提切利**。然后，**波提切利**再将**洛伦佐**和他的“亲友团”**全部打包传送到 1475 年前……**就这样，美第奇全家和他的朋友们来了一张大合影。

这可能是史上最早的一次联名案例吧！

GU

这个为圣母玛利亚端着墨水瓶的小孩，据说画的就是儿时的洛伦佐……

《圣母颂》（Madonna of the Magnificat）
桑德罗·波提切利，1483

在经过家族几代的艺术熏陶和沉淀之后，洛伦佐真真正正地成为**受过高等教育的贵族后裔**。

洛伦佐似乎对赚钱并不怎么感兴趣（他也确实不怎么会赚钱，好几家银行都垮在了他的手上）。

他开始全身心地致力于**艺术品收藏和艺术家的培养（多纳泰罗、波提切利、达·芬奇、米开朗琪罗、拉斐尔等伟大的画家都给美第奇家族打过工）**。

人们将那个时代称为——

文艺复兴顶峰

（High Renaissance）。

那么，你会不会好奇，这么厉害的美第奇家族现在怎么样了？

在佛罗伦萨的乌菲兹美术馆里有这样一幅画，看似是一幅普通的肖像画，画的是科西莫·美第奇。

注意他身边的这株植物，它有两根树枝，这喻示着美第奇家族的两条血脉……

《老科西莫·美第奇的肖像》
（Portrait of Cosimo de' Medici the Elder）
蓬托莫（Pontormo）
1519—1520

其中的一根断了，而这根正代表洛伦佐的那一条血脉。

怎么断的呢？

就是生不出后代了（虽然洛伦佐自己很会生，但他的子孙却不怎么给力），更文明的说法就是绝嗣了。

后来，另一根树枝也绝了。

从此，风光了上百年的美第奇家族就这样从地球上消失了！

任你再怎么厉害，最终还是斗不过 DNA！

不过，你反过来想，这不也证明了当初科西莫资助艺术的方向有多么正确吗？如果不是走上艺术这条路，美第奇家族不过就是在历史长河里被大浪淘尽的一粒沙子，谁还会记得他们？

爱的小木桶

波提切利，1445—1510

美第奇家族虽然不太擅长生孩子，但很擅长发掘和培养艺术天才，比如刚才提到的**波提切利**。

他的名字确实有点拗口，经常有读者朋友表示，看完这些艺术家的八卦之后，事情都记住了，但名字却记不住，这对“装博学”造成了极大的障碍。

那要怎样才能记住这些拗口的名字呢?

其实，我也没什么办法。

看多了就记住了。

就像刚出道的艺人会参加各种节目刷曝光度，名字拗口的话还得起个艺名，他们的目的就是方便大家记住。

那些名字很怪的艺术家当然也有这样的烦恼，比如凡 · 高在画上签名的时候通常会用 Vincent（文森特）而不是 Van Gogh（凡 · 高），就是怕别人不知道怎么发“gh”的音。

波提切利也一样，这四个字已经是他精简版的艺名了，他的全名叫：**亚历山德罗·迪·马里亚诺·迪·瓦尼·菲利佩皮（Alessandro di Mariano di Vanni Filipepi）**

相比之下，波提切利这个艺名算是很好记了。而且，它的字面意思也很好理解——“小木桶”。为什么要叫这个名字呢？据说是因为他有个叫“大木桶”的哥哥……没想到，如此随意的一个艺名，居然就这样红了 500 多年！

现在，佛罗伦萨的乌菲兹美术馆称得上世界三大美术馆之一。（乌菲兹的英文“Uffizi”在字面上就是“办公室”的意思，所以这里最早是美第奇家族的办公室。）

每个伟大的美术馆都会有那么一两件镇馆之宝，而乌菲兹的镇馆之宝就出自“小木桶”之手。

这两件作品分别是《维纳斯的诞生》和《春》。

《维纳斯的诞生》（The Birth of Venus），约 1485

《春》（Primavera），约 1482

现在，无论什么时候去乌菲兹美术馆，你都会发现在这两幅画前永远挤满了拍照的游客，虽然没有看卢浮宫《蒙娜丽莎》的人那么多，但要静下心来看一会儿也几乎是不可能的。这些几百年前的艺术品，为现代人提供的早已经不是欣赏功能，而是拍照功能。它们就是一个个景点，用来证明你“到此一游”，真的想要欣赏，还不如去看网上的图片、纪录片或者我的书。

接下来，我就来聊聊这两幅画，先从这幅《维纳斯的诞生》说起。

我先用三两句话大概介绍一下这个故事：宙斯的老爸（克洛诺斯）把宙斯的爷爷（乌拉诺斯）的“小弟弟”割了……

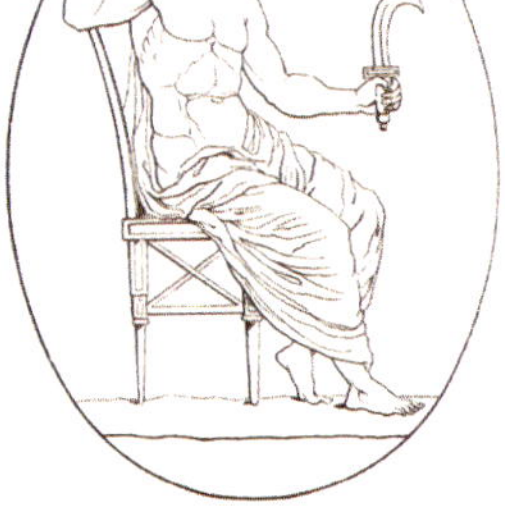

“小弟弟”被随手扔到大海里，和海水发生了化学反应，出现了许多珍珠般的泡泡……维纳斯就是从这些泡泡中诞生的。所以，画家在画维纳斯的时候通常都会把她和贝壳联系在一起。整个逻辑是这样的：**泡泡变珍珠——珍珠长在贝壳里——贝壳孕育了维纳斯。**

大家都知道，维纳斯是象征着爱与美的女神（希腊神话中的阿芙洛狄忒），但仔细看这幅画中的维纳斯，其实有许多奇怪的地方：

1. 她的脖子长得有点吓人，而且像是得了颈椎病一样扭着。
2. 肩膀似乎刚刚经历过粉碎性骨折。
3. 胸部也圆得有点……假。
4. 她的脚踝怎么看都有点违和。

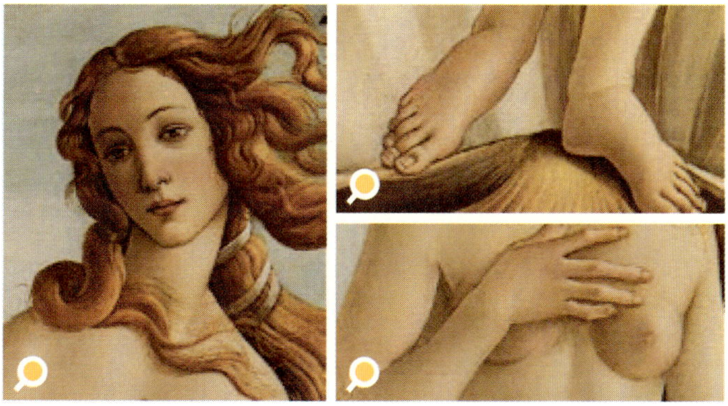

这些“缺点”合在一起，**居然成了一个完美的女神？！**

重点其实在这张脸上，请记住这张脸，我在下文还会说到。

先说她旁边这两个人，他们分别是西风之神和春神。

其实你完全可以忽略这两个神的存在，因为希腊神话喜欢把所有自然现象全都用拟人的手法来表现。风啊，四季啊，打雷啊，闪电啊，背后都有一个有名有姓的神来操控。各种文明中的神话故事都是这个套路，比如我国的神话里就有雷公、电母和四海龙王。人类对无法解释和理解的自然现

象，通常都会将它们神化，好歹总要有个形象可以拜拜吧。

所以说，他们其实就是在一出舞台剧里扮演“风”和“春”的两个群众演员，而这个画面用一句话就能讲完：**刚出生的维纳斯被一阵风吹到陆地上，接着就“发春”了。**

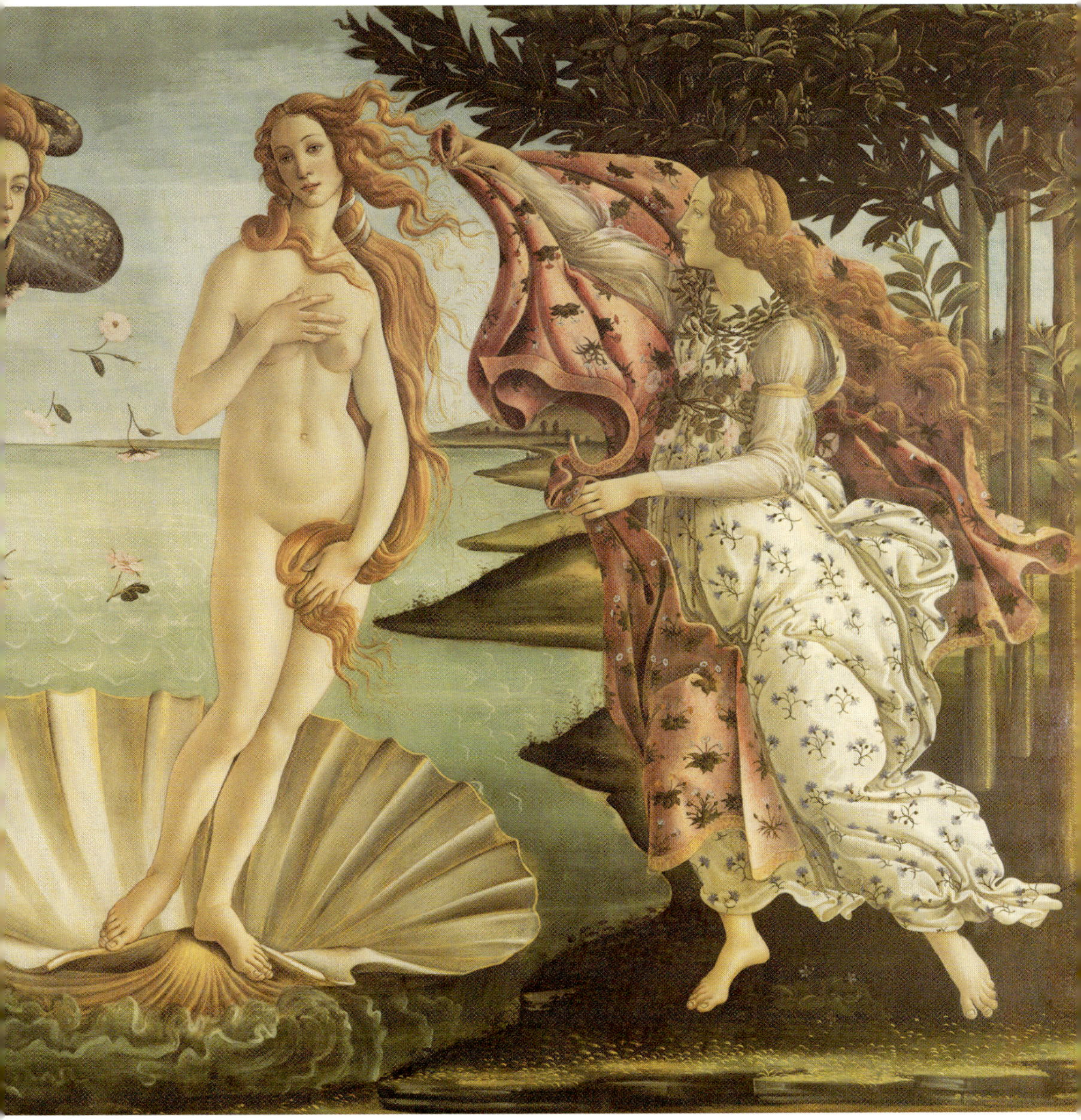

这幅画怎么说都算是有个典故，画面还是围绕着主角的，而在它对面的那幅《春》就完全是个大杂烩了，有种春节联欢晚会上各路“神仙”齐聚一堂给大家拜年的感觉。

这幅画主要分成几个部分：站在最中间的还是维纳斯，和刚出生的时候不一样，这时的她已经穿上了衣服。在她头顶飘着爱神丘比特，他蒙着眼睛乱射箭的姿态喻示爱情是盲目的。最左边是宙斯的“快递员”赫耳墨斯，他手指天上，象征着一切天注定。

上面三个女人是美惠三女神，分别象征“美丽”“贞洁”“欢愉”。

最有意思的是右边这组人物，他们正在上演一出不可描述的戏码：

西风之神泽费罗斯（Zephyrus）再次出镜，他抓住并强奸了“**森林女神”克罗莉斯（Chloris）**……克罗莉斯被强暴后，变身成了**花神芙罗拉（Flora）**。所以，这其实是一幅连环画，记录着一个“森女”变“花痴”的全过程。

最后来总结一下这幅作品：

爱情是盲目的（丘比特），但也是上天注定的（赫耳墨斯）。你得到爱情后，就会变得既美丽又快乐（美惠三女神）。最终，你会从一个少女变成一个少妇（最右边那几个）。

不过，这幅画的重点其实在这里（美惠三女神之一）。仔细看，她是不是和《维纳斯的诞生》中的维纳斯有点像？

可能你觉得一点都不像，但请你不要说出来，因为这样我的故事会说不下去……假设你的回答是：“哇！好像就是同一个人，这是为什么呢？”

GU

嗯，因为这里还有一段凄美的爱情故事。

如果熟悉“小木桶”的作品，会发现在他大多数作品中都出现了同一个女子。

《圣母子与八天使》（*Madonna and Child with Eight Angels*），1478

《巴尔迪祭坛》（The Bardi Altarpiece），1484

这个女人究竟是谁?

她的名字叫作西蒙内塔·韦斯普奇(Simonetta Vespucci),是佛罗伦萨有名的贵妇(已婚贵妇)。以现代人对八卦的敏感度,应该马上就会联想到“小木桶”是不是和这个贵妇“有一腿”。我再给这段联想加上一个小小的绯闻:贵妇早早地就死了,波提切利一生未娶,死后还葬在了她的身边……

对于这种事情,只要人类科技还无法帮助我们穿越到15世纪,那我们便永远不知道事实的真相,只能通过一些间接证据来猜测。从以上证据来看,这似乎是个凄美的爱情故事,小木桶也像是个专情汉子,生前无法得到真爱,只能选择死后相伴。

然而,历史永远都有它的另一面……

艺术史学家雅克·梅斯尼尔(Jacques Mesnil)在1938年发现了一份1502年11月16日的文献,上面记载了对波提切利的一项指控,**原文是“Botticelli keeps a boy”**。由于我英文水平有限,还曾一度以为这句话的意思是“‘小木桶’保住了童贞”,煽情得有点做作,后来问了一个精通外语的朋友,才知道这行字比我想象的重口味多了(“keep”也可以翻译成“养”)。

很可能因为这行字,“小木桶”就从一个“情种”变成“恋童癖”!

不过,光从没结婚这点就能推测出那么多结论,也实在厉害。其实一生未娶的艺术家有许多,接下来要说的“文艺复兴三杰”全都没结过婚。于是,达·芬奇变成了同性恋,米开朗琪罗成了“阳痿男”,拉斐尔还好有个女朋友,却被传死于纵欲过度……所以说啊,“人怕出名,猪怕壮”这种事情,在500多年前就已经有了。

《理想化的女士肖像》(Ideaised Portrait of Lady)
约 1480—1485

神与肌肉人（上）

米开朗琪罗，1475—1564

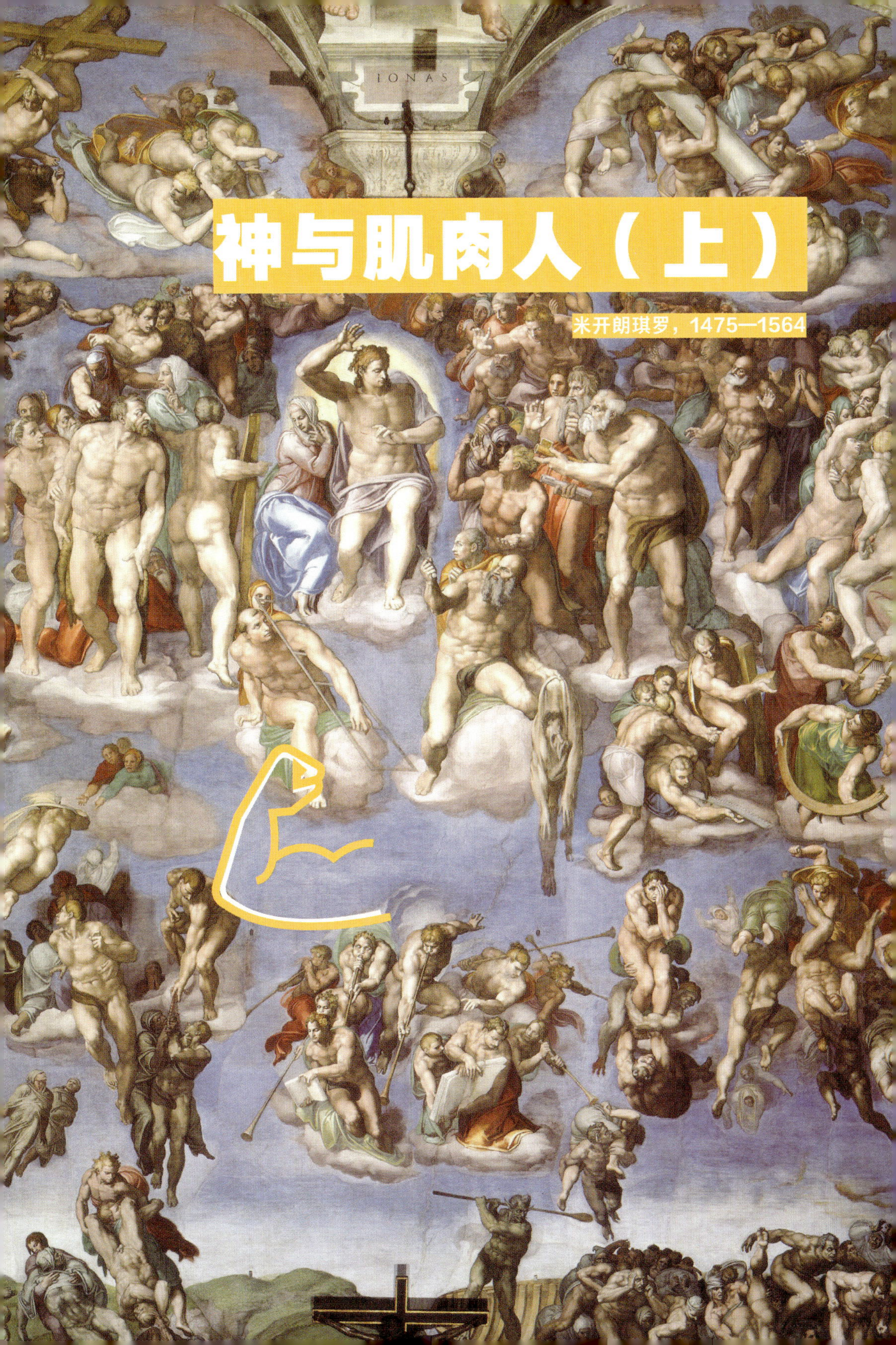

在文艺复兴时期有一种时尚，就是把土里挖出来的古代雕塑洗洗干净，放在房间里当软装……

这种时尚也是美第奇这种土豪家族带动起来的。

有需求就会有市场，但不是人人都有机会挖到这种古代雕塑的，于是就有一些不法之徒靠制作假古董谋生。

当时，有一个年轻人做了一个古罗马丘比特的赝品，甚至骗过了红衣主教的眼睛。

他的名字叫**米开朗琪罗**。

我个人认为，米开朗琪罗算是有史以来最厉害的艺术家。

我们先从他的名字开始聊 ——

米开朗琪罗·博纳罗蒂

（Michelangelo Buonarroti）。

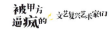

这名字太长！我决定给他取个小名——

米开朗肌肉，简称“米肌”。

为什么取这个绰号？慢慢看，后面你就知道了。

对于那些不太懂艺术，但又好像懂那么一点点的人来说，“米肌”一生就干了两件厉害的事情：

1. 搞了一次室内装潢**（西斯廷礼拜堂）。**
2. 雕了一个裸男**（《大卫》）。**

其实，他还做过许多厉害的事情，但光这两件就足够“秒杀”所有艺术家了。（没错，是“所有”！）

《米开朗琪罗画像》（Portrait of Michelangelo）
丹尼尔·达·沃尔泰拉（Daniele Da Volterra）
1550—1555

西斯廷礼拜堂内景

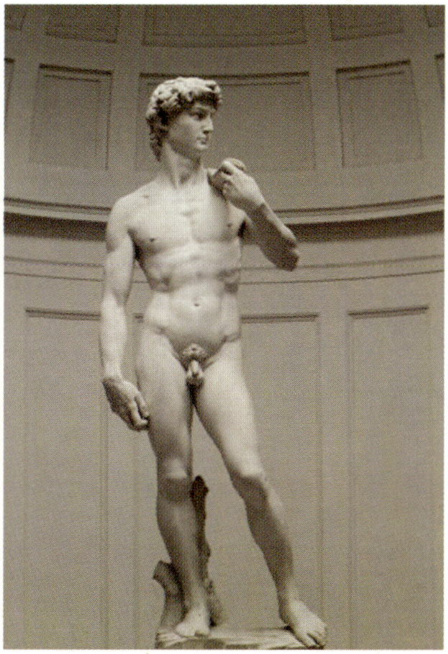

《大卫》（David）
1501—1504

在聊这两件杰作之前，我们先来看一下“米肌”的“头”。

这幅肖像画是米开朗琪罗的一个跟班丹尼尔·达·沃尔泰拉（Daniele da Volterra）画的。凑近看时，你会发现上面有许许多多的小点。

与其说是“点”，更确切地说，这些都是用针扎出来的一个个小洞。

那么，这些小洞是干吗用的呢？

肯定不是中医用来研究针灸穴位的，当然也不是像“点王”**修拉**那样，只是单纯闲的。

《大碗岛的星期日下午》（A Sunday Afternoon on the Island of La Grande Jatte）
乔治·修拉（Georges Seurat），1884—1886

这些针眼其实是用来**画壁画的**。

我再解释得详细一点儿——**文艺复兴壁画的操作指南：**

1 先根据事先画好的线稿沿着线条戳满小洞，越多越好……

2 然后把线稿贴在墙上，在上面刷一层颜料。

3 颜料会透过针眼印到墙上形成一个个小黑点，最后再把这些小黑点连起来。

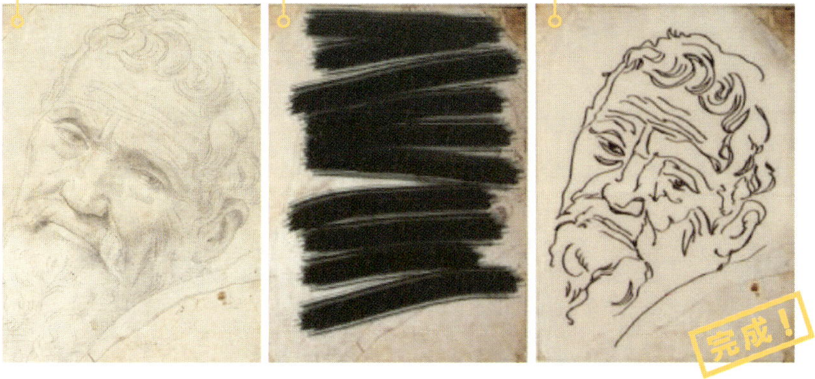

（这是我自己用鼠标连的，不是太美观，反正就这么个意思。）

如果你有兴趣的话，可以找张自己的照片在家里墙壁上试试……如果你妈问你在干吗，你就对她说：**“我在创作文艺复兴风格的壁画……”**

她一定会给你点一个大大的

言归正传，这就是当时画壁画的方式。

“米肌”这幅肖像画上一共有 431 个针孔（其实我没数过，如果你实在闲得无聊，欢迎你数一下并告诉我一个准确的数字），画一颗“头”都要戳那么多针眼，那么试想一下：

画下边这个，得戳多少个针眼？

《最后的审判》（The Last Judgment），1536—1541

这是“米肌”为**西斯廷礼拜堂**画的壁画**《最后的审判》**。如果我告诉你，这对于“米肌”来说，还只是小事一桩，你信吗？

图中圆圈的位置是《最后的审判》在西斯廷礼拜堂所处的位置。

“米肌”几乎把整座礼拜堂都涂满了……

相比之下，这幅壁画确实只占了整个项目的一小部分。

而且，“米肌”还号称**这些全都是他独自一个人完成的！**

之所以用“号称”，**是因为大多数人都不信。**

我们姑且撇开构思、打草稿和上色不谈，就说中间环节“戳点”，一个正常人怎么可能有心思和时间戳那么多点？

怎么可能？！
……
不是聊文艺复兴吗？怎么我的出镜率比米开朗琪罗还高？

细看西斯廷壁画（西斯廷天顶画），你会发现里面到处都是肌肉男和肌肉女，感觉就像健身教练在开年会一样……

为什么全是肌肉人？这就要从“米肌”小时候开始聊了……

毕加索曾说过，他十几岁的时候就能像拉斐尔（另一只“忍者神龟”）一样画画了。

对于我们这些凡人来说，听到这样的话一定会觉得“太牛了”。

但这话如果让“米肌”听到，他一定会说一个词——**就这？！**

我们来看看“米肌”十几岁的时候都玩些什么。如果评职称的话，“米肌”应该算是个**雕刻家**。

《半人马之战》
（The Battle of the Centaurs）
1492

《阶梯上的圣母》
（The Madonna of the Stairs）
约 1491

其实，要严格说起来，

“文艺复兴三杰”没一个是全职画家。

达·芬奇
发明家、解剖师等

米开朗琪罗
雕刻家、画家、建筑师

拉斐尔
建筑师、画家

这里，我想聊几句题外话……

虽然我一直在用“忍者神龟”调侃，但千万别被他们搞混了！

不要以为有四只乌龟就应该有“四杰”，那只拿棍子的乌龟叫多纳泰罗（我以前一直以为他叫爱因斯坦）。

这是正宗的多纳泰罗（Donatello），和另外那三只“神龟”比，

他就变成个跑龙套的了！

（当然，这只是说他的知名度，在艺术成就方面，多纳泰罗并不比另外几个差。）

所以，“忍者神龟”其实是三个主角加一个配角的组合。

在这里，我忽然又想到一个相似的案例——**《三个火枪手》**（也叫“三剑客”）。

这是我小时候最喜欢的一本小说，但我一直没搞懂为什么三个火枪手是四个人，而且是一个主角加三个配角。

多纳泰罗雕像

又跑题了，好了，言归正传！

继续聊我们的雕刻家“米肌”。

“米肌”从小就喜欢雕刻，但雕刻师在那时并不是什么好职业，所以小“米肌”的老子从一开始就很反对儿子学雕刻，于是整天揍他，希望他能改变想法。

可以想象一下，如果你的孩子（或未来的孩子）有一天对你说“我未来的梦想是掏大粪”，那你估计也得急疯。

但是世事难料，说不定你的孩子为了掏更多粪，开创出了一套世界独一无二的**挖掘机技术**呢？所以说，没什么事情是绝对的。

“米肌”就是一个特例，他在一个不被看好的行业中走出了一条致富之路。

当然，“米肌”也有过郁郁不得志的时期，也过过“北漂”的日子。

但我并不想多聊这方面的事情，因为相比他富得流油的一生，这些日子根本不值一提，更何况人家 24 岁就筹到了

人生的第一桶金。

Pietà，中文一般翻译为《圣母怜子像》，如果直译的话，就是“哀伤”。

这就是为“米肌”带来第一桶金的一件艺术品。它描绘的是耶稣殉难后，圣母玛利亚抱着逝去的儿子的场景。

我并不打算把这件作品捧到某个遥不可及的高度，也不想证明它在艺术史上占据着多么重要的地位。

《圣母怜子像》（Pietà）
1498—1499

我只想单纯地从**美不美**的角度来看这件作品。

其实在“米肌”之前和之后，许多艺术家都以这个场景为题搞过创作，有雕塑，也有绘画。其中也不乏大师级艺术家创造的作品，却没有一件能够超过它。

相比之下，立显不足之处……

比例失衡 ✕

《圣殇》（Pietà）
约 1450

演技浮夸 ✕

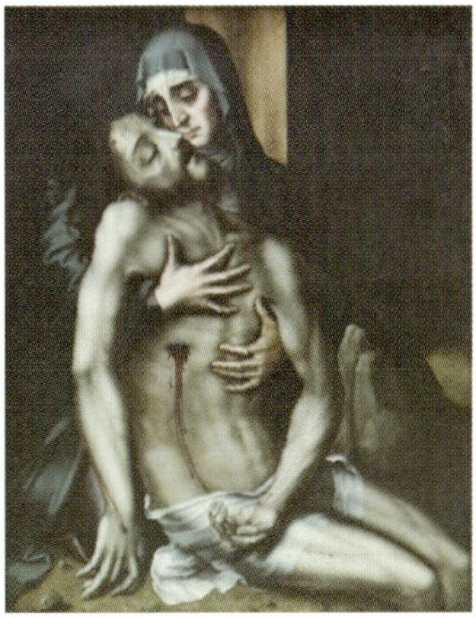

《圣殇》（Pietà）
路易斯·德·莫拉莱斯(Luis de Morales)
1565—1570

太凡·高 ✕

《圣殇》（Pietà）
文森特·凡·高（Vincent van Gogh）
1889

太……

《勒特根的圣殇》（Roettgen Pietà）
约 1360

再来看“米肌”雕刻的圣母。

她静静地望着自己死去的儿子，不需要任何动作就自然而然地给人一种哀伤的感觉。

“米肌”雕刻的圣母用一句发自内心却有点大不敬的话来形容，

就是一个安静的美女！

那么问题就来了，作为一个 33 岁男子的母亲，

她是不是有点太年轻了？！

“米肌”自己的解释是这样的：“纯洁、有节操的女子通常都会比一般的女子看着年轻，更何况是处女呢？”

嗯……这个理论，我个人认为有待商榷。另外顺便科普一下，圣母玛利亚是以处子之身产下的耶稣（这是《圣经》的设定，请不要用现代人现实的眼光去看待这件事）。

《圣母怜子像》第一次展出的时候，“米肌”混在人群中偷听他们的评论。他没想到观众在赞叹的同时，都以为这是另一个雕刻家的作品。

“米肌”一气之下，趁夜晚无人之际，偷偷在圣母胸口刻上了自己的名字——

佛罗伦萨的米开朗琪罗。

于是，这便成了唯一一件有他签名的作品。

关于这件作品，还有许许多多有意思的故事……

1972 年，有个神经病拿着榔头爬到这尊雕塑上，大喊一声：“我是耶稣！老子复活了！”然后，他抡起榔头朝雕像猛砸……

雕像被砸得碎片飞散，当时有许多游客在现场目睹了这一幕。他们立刻拾起散落在地上的碎片，揣兜里直接带回家了。这素质……

所以，今天你看到的《圣母怜子像》其实是“整容”过的……

“米肌”在完成这件作品后没多久，又创作了一件题材相近的作品。

这件作品曾出现在好莱坞影片《盟军夺宝队》中。如果将它和《圣母怜子像》放在一起看，会让人自然而然产生一种“代入感”。

30年前活泼可爱的宝贝，如今却成了怀中冰冷的尸骸……

《布鲁日圣母》（Madonna and Child.Brugge），1501—1504

有种说不出的哀伤。

“米肌”靠这件作品获得了名气和财富。然而，和他接下来的一件作品相比，《圣母怜子像》就是小巫见大巫了。

它的名字叫

《大卫》

（David）。

《大卫》（David）1501—1504

如果你有个儿子，并打算为他取个英文名字，那大卫绝对是一个很棒的选择！

因为他将来长成帅哥的概率会很大！

《圣经·旧约》中是这样描述大卫的：“他容貌俊美，面色红润……”

根据我们现代人的审美，我在翻译上稍微做了一点调整……

其实根据原文直译，大卫应该是**面放红光！**

这倒让我想起了一位东方帅哥——

Guan 2 bro

（关二哥）。

可能古代人的审美和我们有点不大一样，不管红润还是红光，反正都是很帅的意思吧！

究竟是些什么经历使帅哥大卫足以被载入《圣经》的呢？

他干掉了一个巨人！

而且，还是“秒杀”……

用的就是这么一个类似弹弓的东西，他趁对面那个巨型倒霉蛋傻笑的时候一击命中他的头部！接着，就把他脑袋给砍了。

这个傻大个儿的名字叫**歌利亚**。根据古文献的记载，再换算成现在的度量单位，他的身高大概在 2.99 米左右。

这是个什么概念？

我们假设大卫的身高和正常成年人差不多（当时，成年男子的身高在 1.5~1.7 米），那么大卫和歌利亚的对决基本就相当于姚明和曾志伟单挑，结果是曾志伟一拳就把姚明打败了。

知道有多惊人了吧！

《手提歌利亚头的大卫》
（David with the Head of Goliath）
卡拉瓦乔
1610

《大卫与歌利亚》（David and Goliath）
卡拉瓦乔
1600

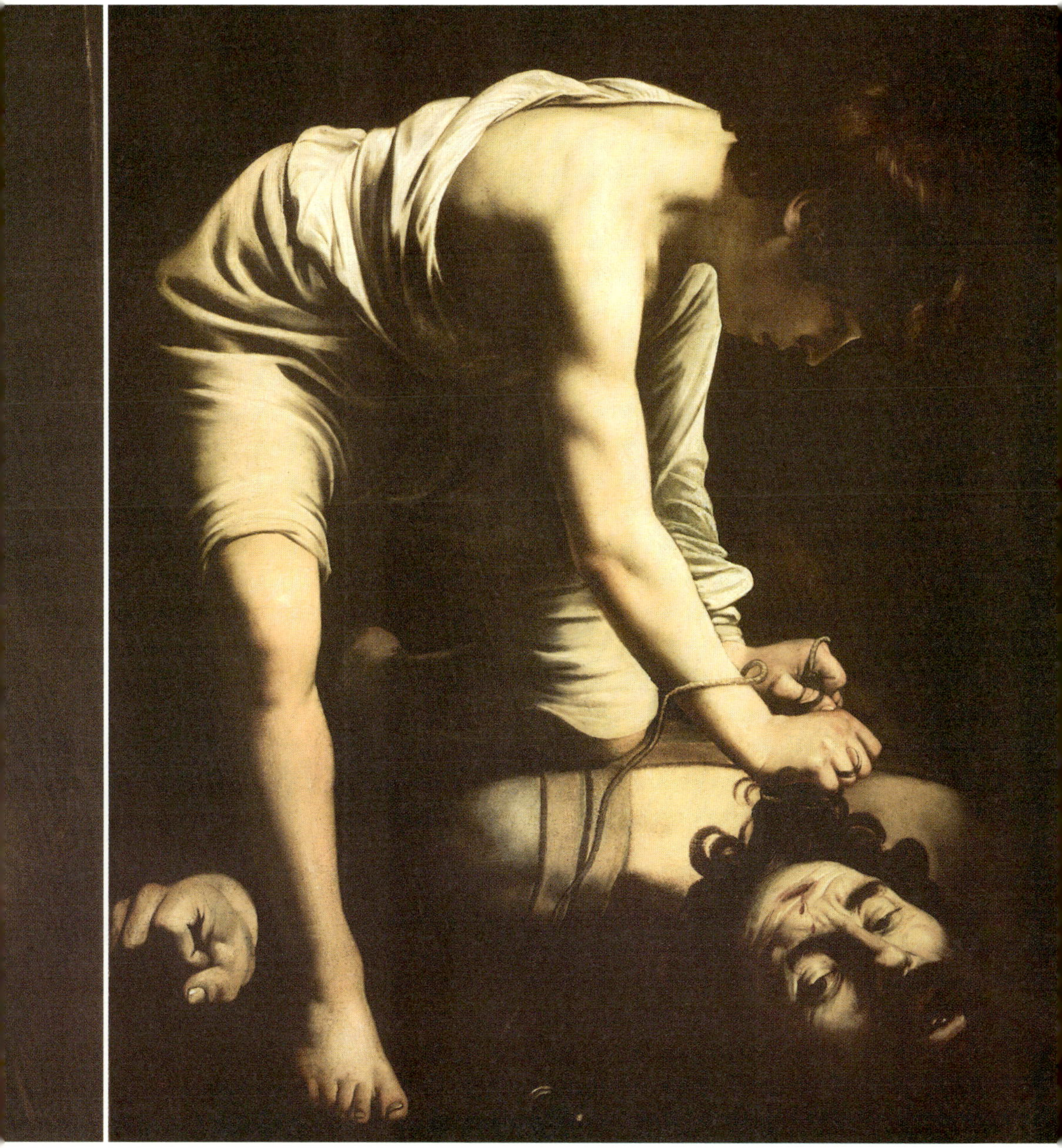

我们再来看“米肌”的这尊大卫，他有 5.17 米高，普通人也就到他膝盖的位置。

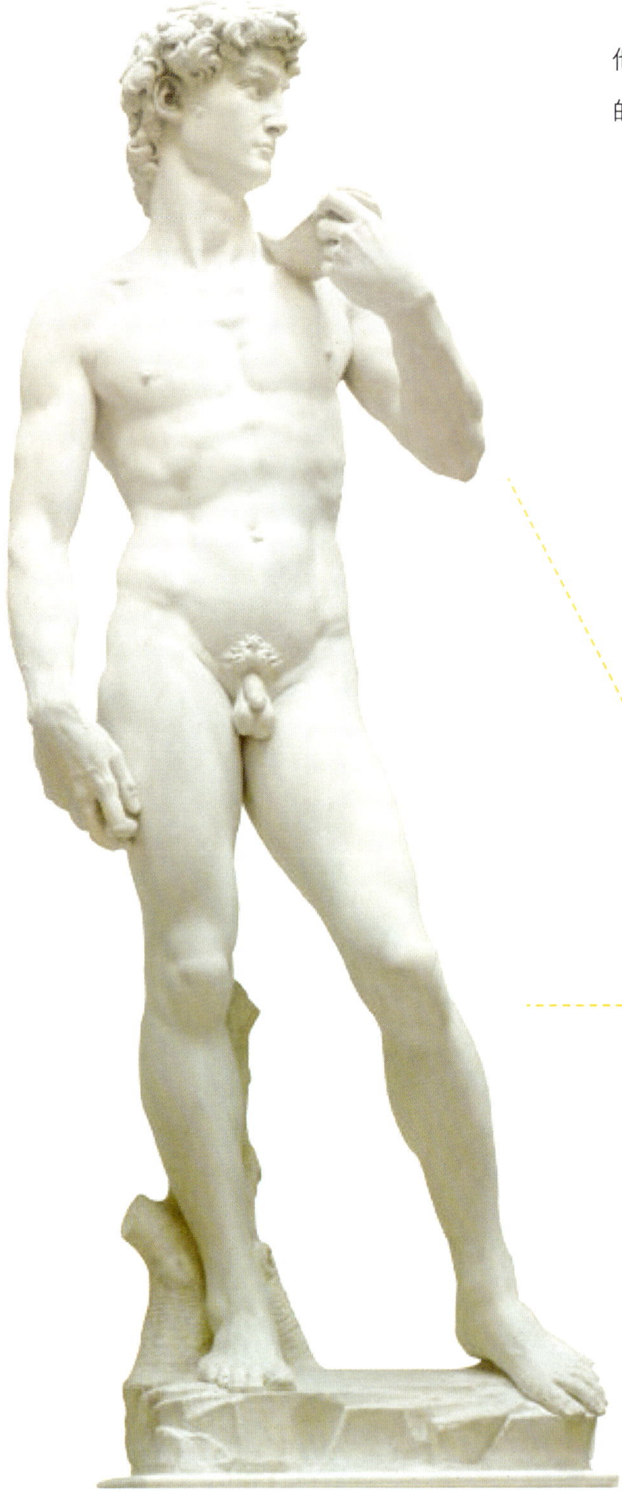

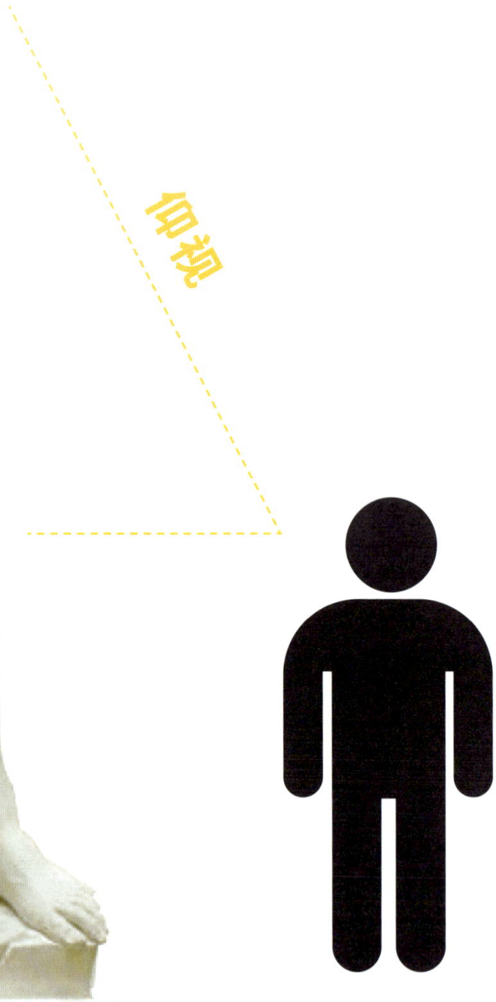

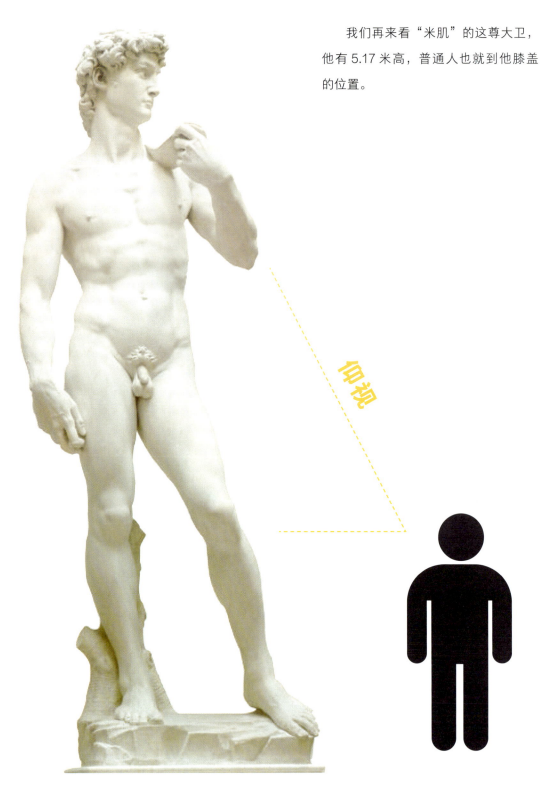

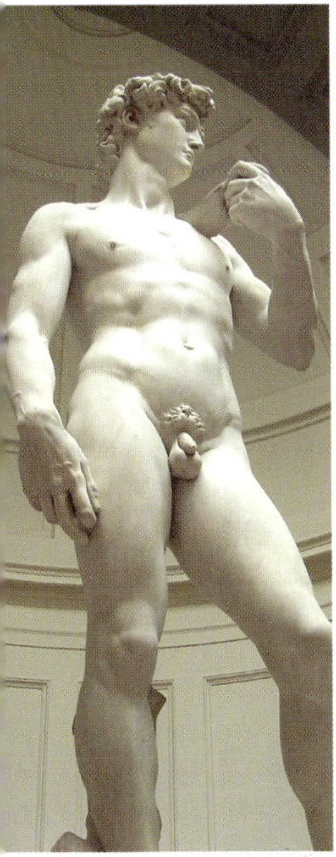

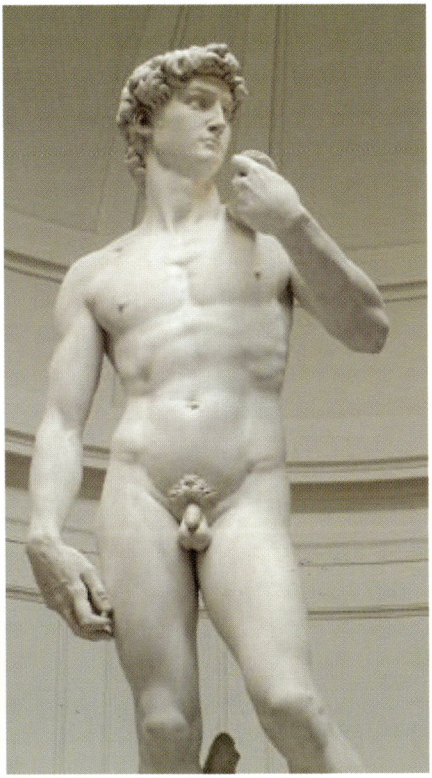

所以，你无论站在哪个角度，都只能仰视他。大卫左手拿着投石带，眼睛盯着斜上方，应该是在瞄准，也可能是被对手的尺寸吓到了……

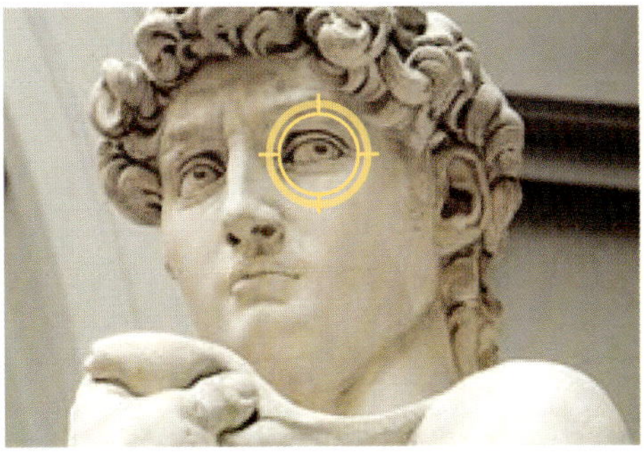

想想也是，按照这尊《大卫》像的身高换算，巨人歌利亚差不多有 4 层楼那么高！那么，为什么把短小精干的大卫弄得那么大？

因为执着，因为任性。

这正是“米肌”的厉害之处。他凭借这个巨大的裸男作品彻底打败了他的老对手、祖师爷级大师——

达·芬奇。

许多人都知道，达·芬奇老爷爷是个德智体全面发展的奇才。

除了艺术以外，他还涉足许多领域。

他同时是画家、雕刻家、建筑师、音乐家、数学家、工程师、发明家、解剖学家、地质学家、制图员、植物学家和作家……

这些是网上对达·芬奇的总结，但是漏了一个很重要的“头衔”：

爱挖坑但不爱填坑的“坑王”。

你会发现他发明的那些飞机、大炮、坦克什么的，也就在纸上画画，从来没有做出来过……其实当初达·芬奇也计划搞一个巨型雕塑，但是搞到一半又去挖别的坑了（这点和我倒有点像）……

所以，从某些方面来看，达·芬奇就是个喜欢异想天开的梦想家。

与之相比，“米肌”就是个脚踏实地的**实干家**。

他从来不玩虚的，想到了就去做，做了就一定要完成！

我们再回到“大卫为什么那么大”这个问题……

1464 年，佛罗伦萨的某个土豪搞了一块巨型大理石。

由于它的体积大、形状长而薄，导致它非常难驾驭。曾

盛产大理石的卡拉拉

经有两个知名的雕刻家想要雕这块石头，但都失败了，从此以后没有一个雕刻家再敢碰它（其中就包括达·芬奇老爷爷）。

这块石头被扔在工场的院子里，一躺就是25年。因为在那儿放的时间太久，人们甚至给这块石头取了个名字——“巨人”。

也许，这个“沉睡的巨人”一直在等待一个命中注定的塑造者。

终于，“米肌”站了出来，决心挑战这个“巨人”！

3年后，大卫诞生了……

你如果绕着大卫的膝盖转一圈，会发现无论从哪个角度看，他的身材都很完美!

这是为什么呢?

因为他的身材

恰到好处!

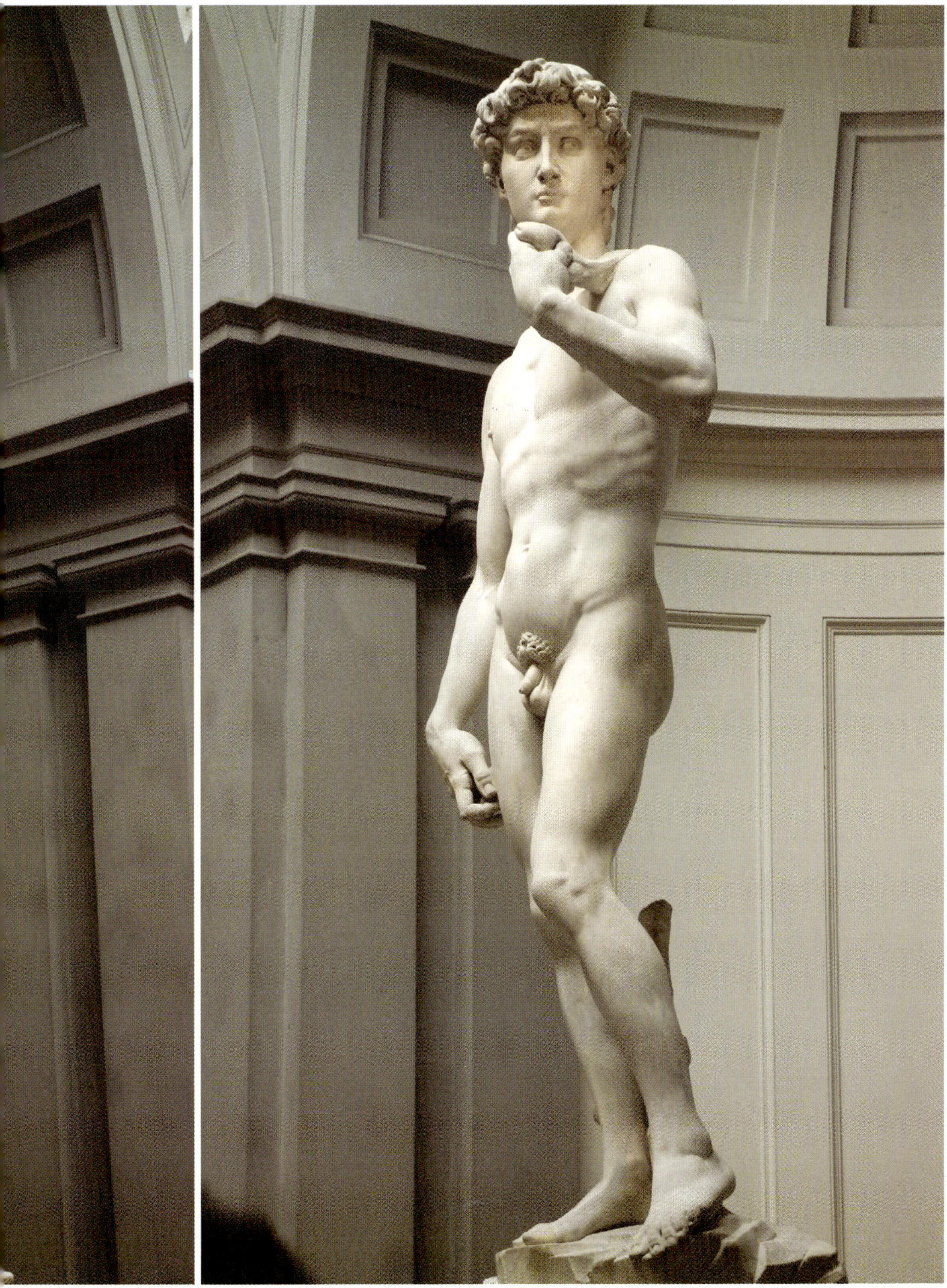

好吧，我的重点好像错了。我想说的是，用整块大理石雕一个瘦子，几乎是一个不可能的任务！

之前我也说过，这块石头是被人用过的，所以说“米肌”的每一刀都需要经过深思熟虑和反复推敲，万一不小心凿错，就有可能把大卫凿成杨过。

但是，“米肌”却做到了！他完成了达·芬奇想做却没做到的事。

这还不算，完成这尊《大卫》之后，“米肌”的账户里就已经有900个金币的存款了……我不知道这些钱在当时能买到什么，但可以肯定的是

达·芬奇一辈子都没赚到过那么多钱！

接下来，我们聊聊“‘米肌’为什么那么爱肌肉？”

神与肌肉人（下）

米开朗琪罗，1475—1564

米开朗琪罗为什么那么爱画肌肉人?

其实答案很简单——Fashion（时尚）。

每个时代都有一个标准身材，而文艺复兴时期流行**肌肉人。**

《阿喀琉斯之死》（The Death of Achilles）埃恩斯特·赫脱（Ernst Herter），1884

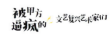

那时候的欧洲人刚从病病歪歪的“黑暗时期”里走出来，人的个子都不高，平均身高也就 1.5 米左右。

忽然有一天，他们发现自己的老祖宗（古希腊、古罗马）雕塑里的身材都很棒。

所以，就照这个来吧！

（其实，就是复古时尚，和潮人们的黑框眼镜、爆炸头差不多。）

凡 · 高称这种身材为**标准罗马身材。**

基本上，那时的雕塑里男的都有 **6 块腹肌**，女的都是**微胖身材**……“米肌”正好又是玩雕塑出身的，当然也逃不过这种设定。

这也是西斯廷礼拜堂内部看上去像一个**健身俱乐部**的直接原因。

试想一下，每当教会选举新教皇的时候，下面坐着一群白发苍苍的主教，抬头一看**全是健美先生，**也真是别有一番滋味啊！

《阿喀琉斯和忒提斯》
（Thetis and Achilles）
皮尔斯 · 康奈里
（Pierce Francis Connelly）
1874

西斯廷天顶画局部

其实，西斯廷礼拜堂的天顶原本不是那么浮夸的。

西斯廷礼拜堂复原图

当时的教皇**朱利乌斯二世**觉得“星空”天花板太过单调了，想要重新装修一下，于是，他找来了当时红得发紫的“米肌”。

帮我把那天花板
整整呗？

我又不是搞装潢的，
干吗让我整？

谁都知道这是个吃力不讨好的活儿，“米肌”当然不是傻子。

当时的他随便搞个雕塑就能赚好几百个金币，遇到这种麻烦工程当然能推则推。

但是，教皇就是教皇，没办法，“米肌”只能硬着头皮上了，结果在这黑咕隆咚的小教堂里一画就是 4 年……

你不整，我就
整你……

画完直接成了**歪脖子（真事儿）。**

这两幅画反映了“米肌”当时的创作状态。

在创作过程中，还有许多小插曲……传说“米肌”画到一半颜料用完了，可教皇当时正在战场上打仗，但“米肌”也不是什么省油的灯。

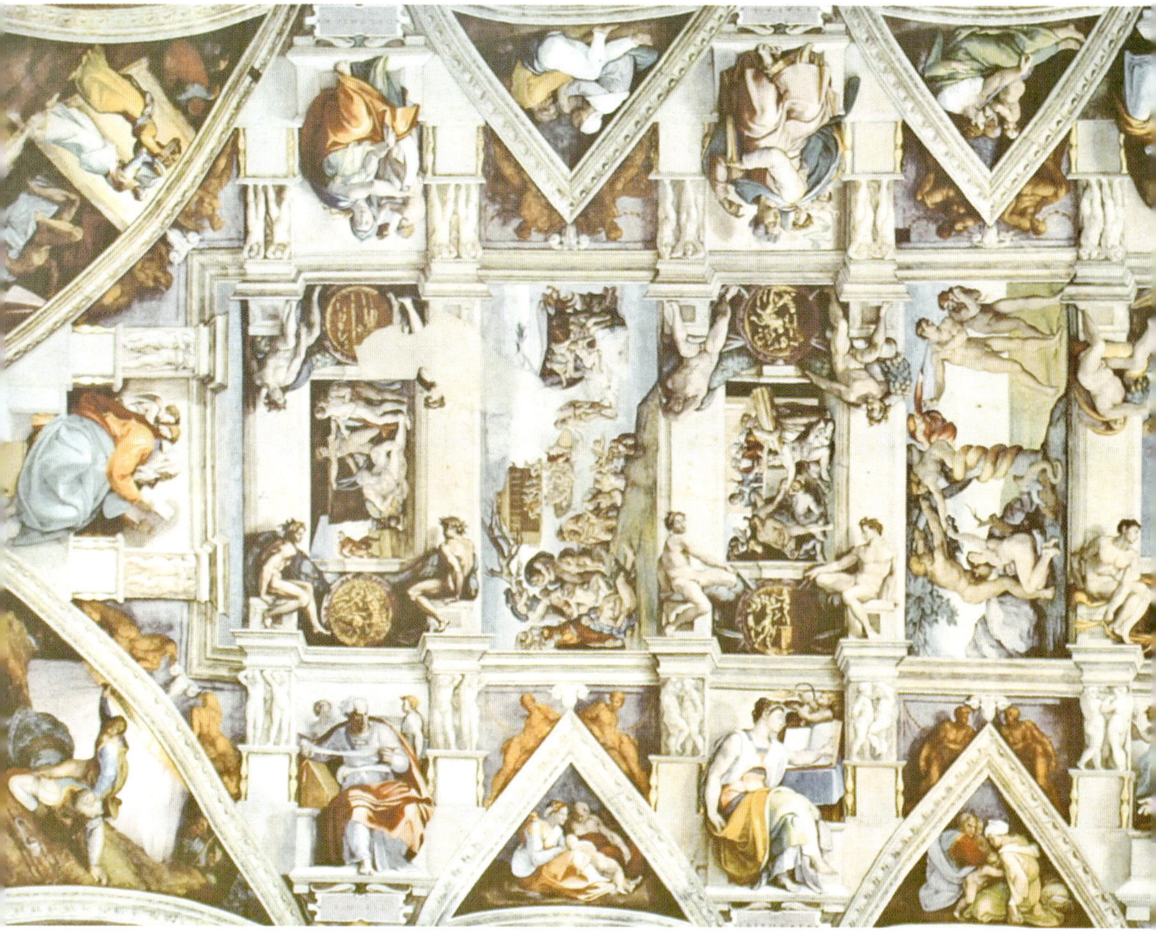

西斯廷礼拜堂天花板

他居然直接骑马跑到战场上向教皇讨钱，而且还去了两次！

艺术家可真不是好惹的，可能也正是因为这份执着，才最终成就这件杰作！

我们先来看看西斯廷墙壁上这幅：

前面已经提过，《最后的审判》讲的是世界末日来临，耶稣降临人间，决定谁上天堂、谁下地狱的故事。

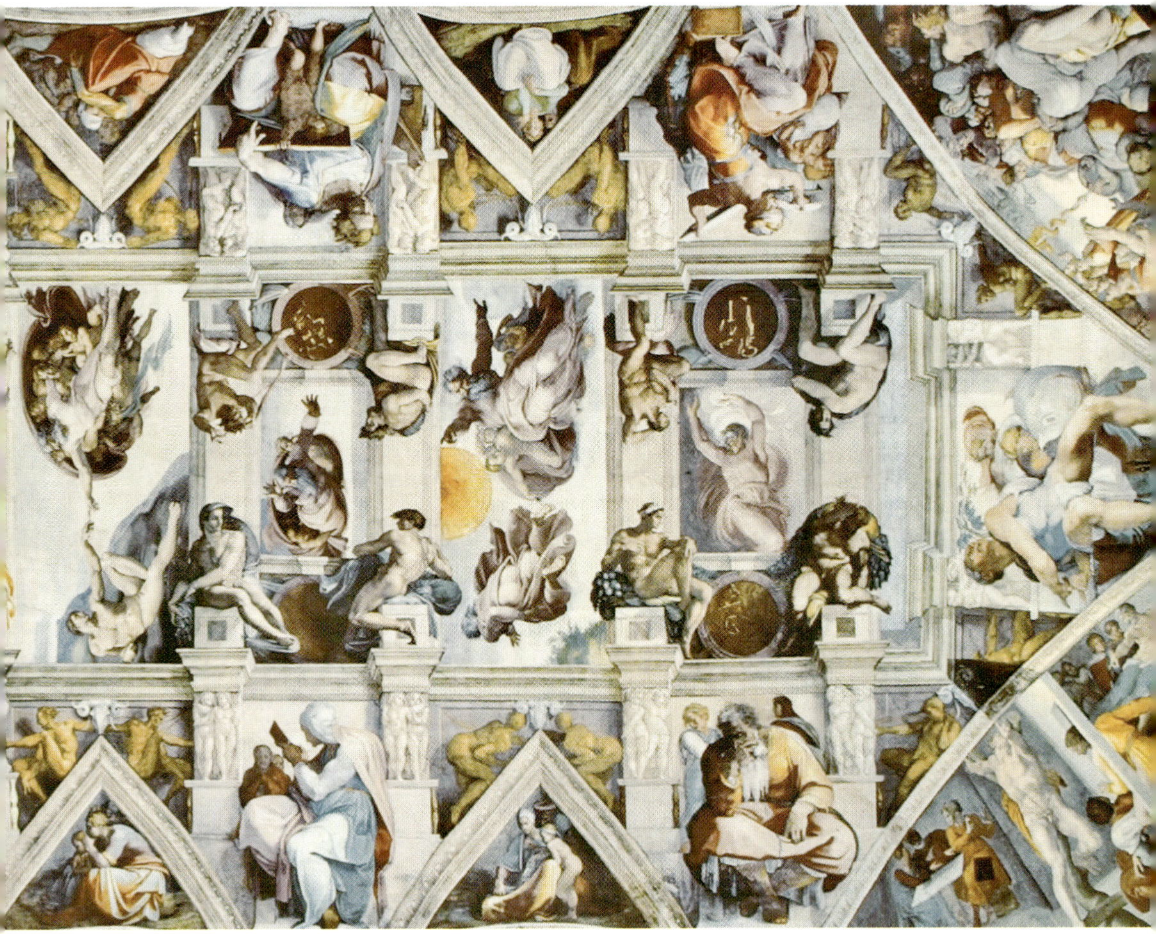

先看画中央的基督。这里的基督并不是我们一直看到的那个头戴荆棘冠、一把络腮胡的中年男子，“米肌”刻意把耶稣画成了年轻的阿波罗形象，正高举着强壮的右臂进行审判。

在耶稣左边的是**圣母玛利亚**。在圣母旁边的是**圣安德烈**，他扶着一座十字架，因为他是被钉在十字架上死的。右边这个大胡子是**圣彼得**，他手拿一把金钥匙、一把银钥匙，象征基督把天上和地上的权力全都交托给他。光头肌肉人叫圣巴多罗买，传说他的殉道方式是被活活剥皮而死，所以他通常会以拿着张皮的形象出现。

《最后的审判》（The Last Judgment），1536—1541

注意他左手拎着的那张人皮，这其实是**“米肌”的自画像**。

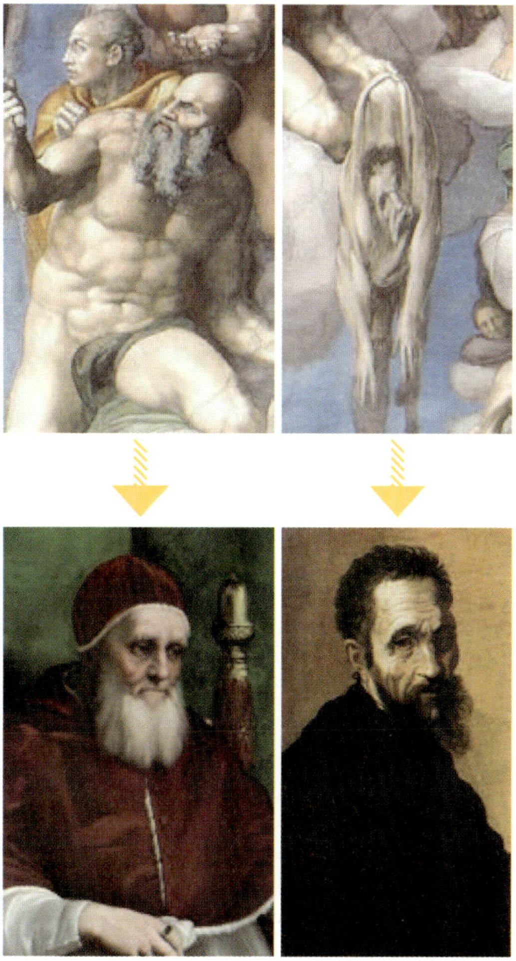

而这个光头肌肉人呢？画的正是他的老东家——**教皇朱利乌斯二世**。

为什么说是老东家呢？这里要交代一个细节，西斯廷礼拜堂的天花板和《最后的审判》是分先后两次画的，中间隔了20多年。再次画的时候，朱利乌斯二世已经死了。

可能，这正是“米肌”的心情写照：

“给你打工，等于扒了我一层皮……”

再看右下角，有一个被蟒蛇咬住“小弟弟”的驴耳魔鬼，其实它的原型是教皇的司仪官。“米肌”这幅画一问世，就被这个人狠狠地批判了一通。没过多久，他的脸就被加了上去。

注意，它所在的位置正好是礼拜堂入口的正上方。

几百年来，每当人们进入西斯廷礼拜堂时，只要一抬头就能看到这个倒霉蛋。

由此可见，

千万别得罪艺术家啊！

但是话又说回来，这幅画之所以会遭到抨击，也实在是情有可原。

因为这幅画原本是**全裸的！**

在一个如此庄严的地方居然画着这么多裸男，别说在那个时候，就是放在今天，相信这也很难被接受。

结果，教皇还得另外聘请画家给他们**“穿内裤”。**

虽然有点违和，但再怎么说，**“健美中心”**总好过**“洗浴中心”**吧！

接下来，就是整个西斯廷礼拜堂**最精彩**的部分……

看到这幅画，你会想到什么？（我绝对没有要给谁打广告的意思！）

上面这幅画，就光知名度而言，足以和《蒙娜丽莎》相提并论。

但对于大多数人来说，它可能还是属于

“看着眼熟但叫不出名字”那类。

这幅画位于西斯廷礼拜堂的天花板上，所以就叫**西斯廷天顶画。**

它描绘的是《圣经》中的一个章节——**《创世记》**，说的是耶和华创造世界的故事。

“神说：‘要有光！’就有了光。”

“神说：诸水之间要有空气，将水分为上下。”

接下来，神还说了好几句话，最终世界变成了一个类似于今天**野生自然保护区**的样子。

《上帝创造日月》（The Creation of the Sun,Moon and Vegetation），1511

《上帝分开水陆》（Dividing Water from Heaven），1509

接着，神决定为“保护区”找一个管理员。于是，他便按照自己的样子创造了第一个人——

亚当
（Adam）。

在这里，请你注意一个细节：**神穿着衣服，亚当却光着。**

我们暂且将这个裸男放在一边，先继续把整个“流程”走完。

《创造亚当》（Creation of Adam），约 1511

接着，神怕亚当一个人闷得慌，于是用亚当的肋骨创造了世上的第一个女人——

夏娃

（Eve）。

神对他们说，伊甸园里有一棵树，上面结着一种果子，叫**善恶果。**

（艺术品中的善恶果通常是苹果，可能那时候的老外没见过什么其他果子吧……）

神说，这种果子千万别吃，吃了你们就惨了！

这样的桥段似乎在许多故事中都出现过……

《创造夏娃》（Creation of Eve）
1510

比如，普赛克从地狱里偷出来的那个盒子（维纳斯让她千万别打开），

还有潘多拉带到凡间的那个盒子（宙斯也让她千万别打开）。

通常遇到这种桥段，就说明这个盒子必开无疑！

《普绪克打开黄金盒》（Psyche Opening the Golden Box）
约翰·威廉姆·沃特豪斯（John William Waterhouse），1904

最终，夏娃在一条蛇的诱惑下偷吃了善恶果，并怂恿亚当也吃了。

《亚当和夏娃的堕落》（The Fall of Adam and Eve），1509

从此之后，他俩忽然就产生了羞耻心（在私处遮上了叶子）。

那么，问题就来了——有羞耻心（或善恶之心）难道是一件坏事吗？

神为什么不让他俩具备这种“技能”呢？难道只是为了看两个不穿衣服的人跑来跑去吗？

当然不是！（神怎么可能那么低级？！）

《创世记》中还有一段话：

耶和华神说：“那人已经与我们相似，能知道善恶。现在恐怕他伸手又摘生命树的果子吃，就永远活着。”

《潘多拉》（Pandora）
约翰·威廉姆·沃特豪斯（John William Waterhouse），1896

要知道，被自己创造出来的东西超越是件非常恐怖的事情，这在许多好莱坞电影里都有体现（比如《终结者》）。

于是，神把亚当和夏娃赶出了伊甸园，让他们自力更生。

《亚当与夏娃》（Adam and Eve）
丢勒（Dürer），1504

后来，他俩的后代又干了许多让神不爽的事情。神彻底后悔了，他要制造一次大洪水，毁掉他创造的所有生物，推翻重来……

这就是后来**诺亚方舟**的故事。关于《圣经》的故事，我不想过多展开了，以后会专门出本书聊聊《圣经》。

大洪水（The Great Flood），1509

说回之前那幅画，可以看出它在整个天花板上只占很小的一部分。

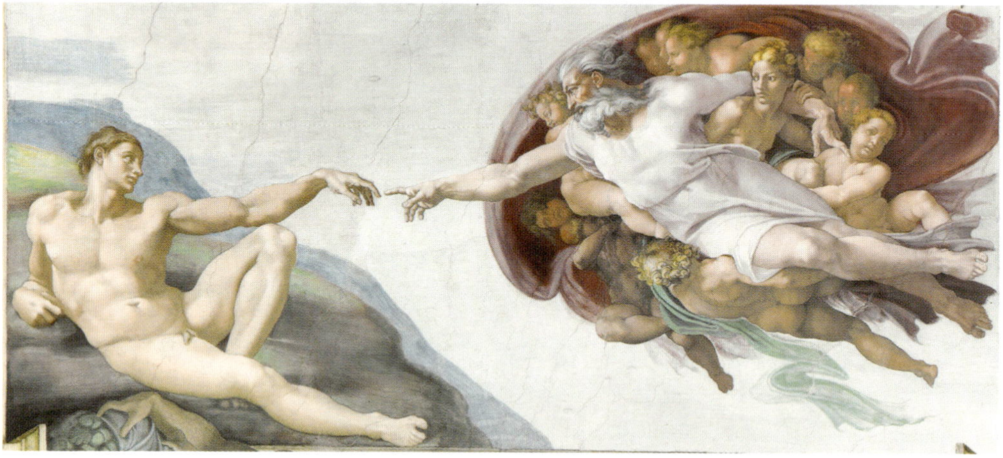

如果《创世记》是一部电影的话，那么**亚当的诞生**只能算是其中的一个经典桥段。

我第一次看到这幅画时，感觉是：

神伸出手指去触碰亚当，而亚当却是一副爱理不理的样子，好像一个心情低落的明星遇到疯狂的粉丝似的。手指在要碰到又没碰到的那一刻，被**“米肌”“抓拍”**了下来。

我不知道你的感觉是否和我一样，但看完上面的故事，你应该知道事情完全不是这样的。

“米肌”想表现的，是神用他的**脑电波**创造出亚当的那一刻……

为什么说是**“脑电波”**？

注意神所在这个圈的形状，是不是很像一个大脑的竖截面？

大脑的竖截面示意图

要知道，“文艺复兴三杰”个个都是解剖高手，画个大脑什么的根本不在话下。

而且，神也很喜欢用**“脑电波”**这招儿。

比如，怀上了耶稣这个**喜讯**，就是用这种方式传达给玛利亚的。

所以，“米肌”这样画是不是在暗示着什么？

我们不得而知……

《天使报喜》（Annunciation）
安杰利科（Fra Angelico），约 1426

我们再来聊聊画中的一些**“配角”**。

之前我介绍过，“米肌”爱画肌肉人，是因为他本身是个雕塑家。

这些配角其实是受到了一座雕塑的影响——没头，没手，没脚……连名字都没有的雕塑（通常被叫作《贝维德雷的躯干》）。

其实，这是个古罗马的出土文物，挖出来就是这个样子（右图是我在梵蒂冈博物馆拍的真迹）。

可能你会问，**这算什么雕塑？**

《贝维德雷的躯干》（Belvedere Torso）
阿波罗尼奥斯（Apollonios），年代不详

这样问就太肤浅了，正因为他没手没脚，才有

无限的想象空间。

这和《断臂维纳斯》（又称《米洛的维纳斯》）差不多是一个道理。

《米洛的维纳斯》（Venus of Milo）
亚历山德罗斯（Alexandros）
公元前 130—公元前 100

而且，“米肌”还是个特别善于想象的人！

这里有一个故事，当时还有一件出土文物**《拉奥孔和他的儿子们》**（我更喜欢称它为“老孔”）。

我在《小顾聊神话》中提到过这个人，就是那个用长矛戳特洛伊木马的人。

总之，这件雕塑刚出土的时候，是没有右手的……

《拉奥孔和他的儿子们》（The Laocoon and His Sons）
阿格桑德罗斯、波利多罗斯和阿塔诺多罗斯
（Hagesandros Polydoros and Athenodoros），约公元前 1 世纪

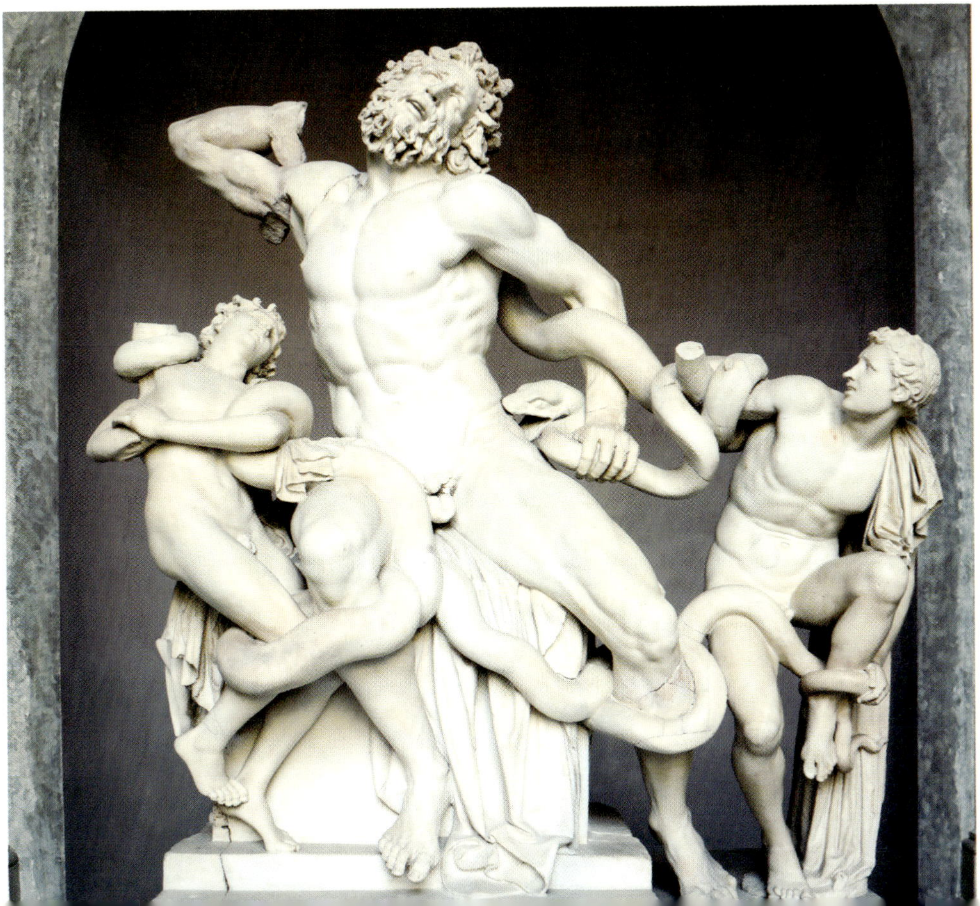

那时的当红小鲜肉**拉斐尔**认为，原作应该是这个样子的：

而“米肌”则认为，他的手臂应该弯起来，这样显得更纠结。

后来，遗失的那条手臂被挖了出来，事实证明“米肌”的想法明显更接近原作。

回头再看这尊《贝维德雷的躯干》，能够想象再创作的空间明显比拉奥孔大得多。

于是，就出现了无数这样的肌肉男。

值得一提的是，“米肌”给他的老板朱利乌斯二世修的坟墓上也用到了这种设计。

除此之外，这幅画中还有许多有意思的点：

《上帝分开光明与黑暗》（God divides Light from Darkness），1509

比如这个女人，她在草稿中其实是个男的……

由于篇幅问题，这里就不一一举例了（其实例子举多了也无聊）。

《摩西》（Moses），1513—1515

《利比亚女先知》
（The Libyan Sibyl），1511

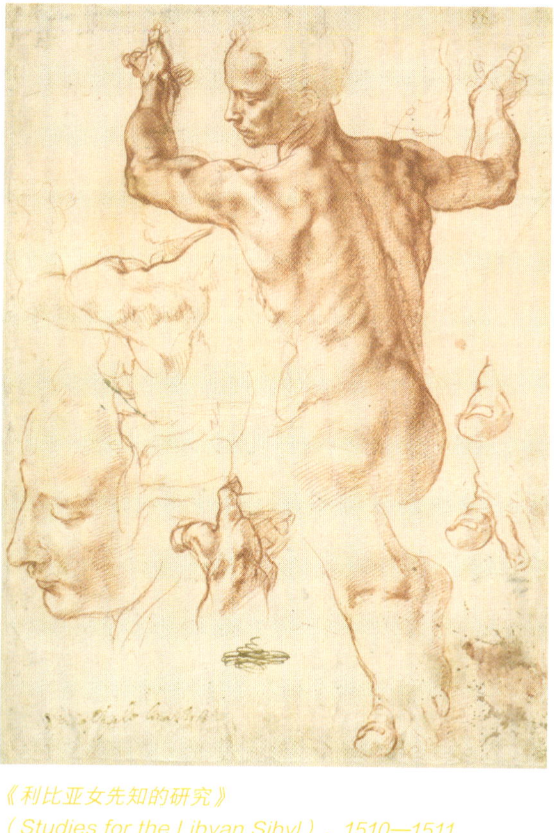

《利比亚女先知的研究》
（Studies for the Libyan Sibyl），1510—1511

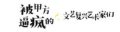

最后，我想说一下我最近看到的一个很有意思的说法，而且经过我的现场体验，还真是那么回事儿！

西斯廷礼拜堂是个不能拍照、不能讲话，连屁都不能放的地方。（真的不能放！别问我是怎么知道的。）

在礼拜堂里，有一道屏风将平民和神职人员隔开。

你如果站在平民这一边抬头看，会发现你脑袋上全是**灾难**：被赶出伊甸园，灭世洪水，诺亚醉酒……

而神职人员头顶上，**全是伟大奇迹！**

可能人与神之间，

就差一道屏风吧！

无敌是寂寞

达·芬奇，1452—1519

1452 年，在托斯卡纳的芬奇村（Vinci），一对男女正在用一种语言无法描述的姿势孕育下一代……10 个月后，人类历史上的超级天才就此诞生——

列奥纳多·达·芬奇

（Leonardo da Vinci，原意是“生于芬奇村的列奥纳多”）。

在读完上面这段文字之后，相信你一定会对那个“语言无法描述的姿势”感到好奇吧？难道生出达·芬奇还要用什么奇特的姿势？

是的，至少达·芬奇自己是这么认为的！

在达·芬奇的一份解剖手稿上，给出了这样的解释：

① 具有攻击性的性爱，生出的孩子急躁易怒。

② 例行公事的性爱，会生出反应迟钝、智商低下的孩子。

③ 只有两情相悦，充满爱和欲望的性爱，才能生出聪明可爱的孩子。

《母体的伟大奥秘》
（Studies of the foetus in the womb）
约 1511

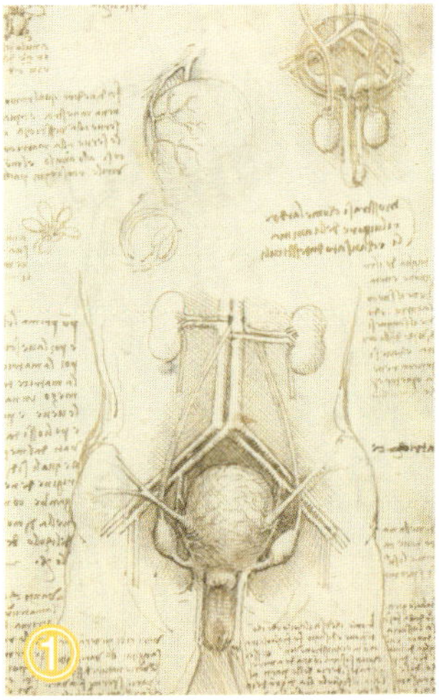

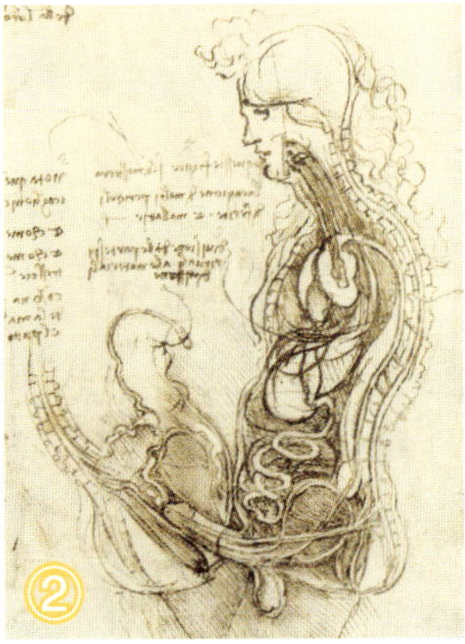

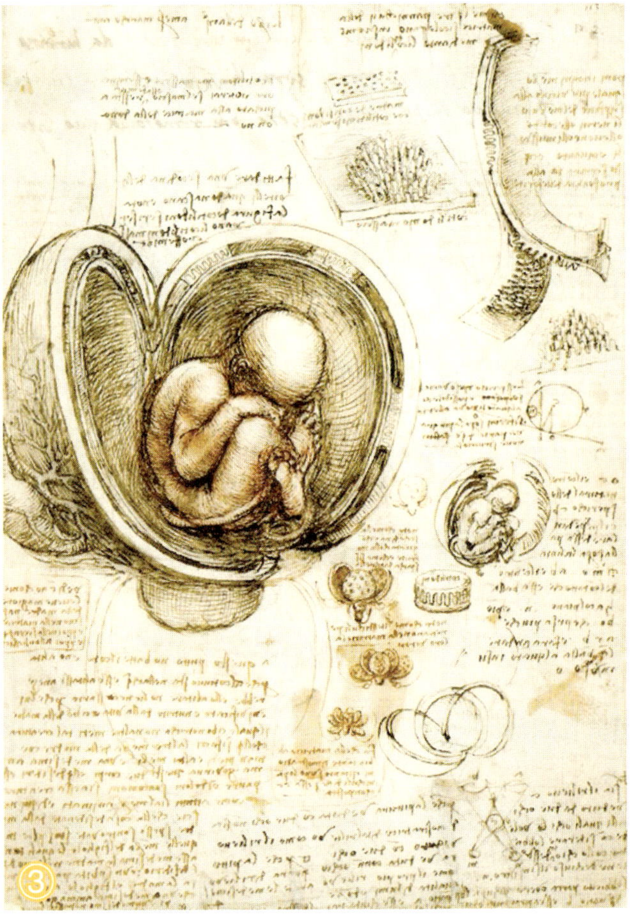

所以说，如果你有孩子的话，最好还是别给他（她）看这本书，因为看完以后他（她）很可能会问一些让你尴尬的问题……

你可能会觉得达·芬奇这个观点纯粹是瞎扯，听起来就毫无科学依据。

但其实，你如果了解达·芬奇的身世，就会发现这事儿有没有科学依据根本不是重点。

在达·芬奇之后，他的父亲分别用不同的姿势为他制造了 12 个同父异母的弟弟、妹妹。而在达·芬奇的眼中，这些弟弟、妹妹基本都“智商低”。

这些弟弟、妹妹虽然都“智商低”，但他们的母亲却是明媒正娶的。相传，达·芬奇的母亲是他父亲家的女佣……在达·芬奇看来，少爷和女佣的激情一夜一定是对上眼之后的干柴烈火，和“强行推倒”或“例行公事”的生产过程根本就不是一个级别的。

“我才是真正的爱情结晶！”

所以，在我看来，达·芬奇这项爱情姿势对小孩智商的影响的“科学研究”，完全就是他花式自夸的手段罢了。我们千万不要因为自己没有成为爱因斯坦或乔布斯，而去埋怨自己的父母……

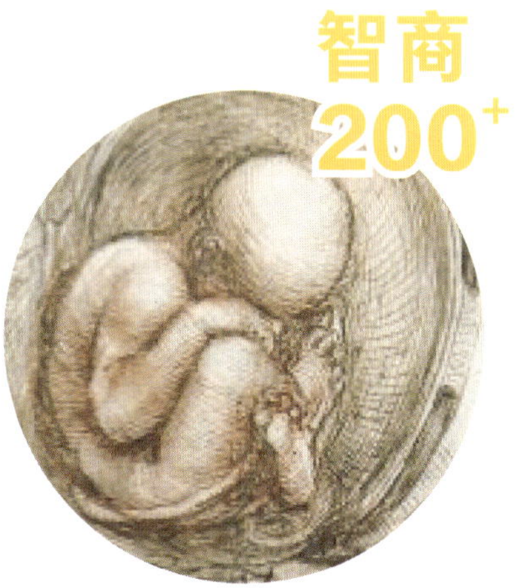

说到达·芬奇的身世，就不得不从他的名字开始讲起。我在本章开头就提到过一个词——芬奇村，这是达·芬奇的出生地。这种“把出生地作为名字的一部分”的做法在当时还是挺常见的，就好像香港黑帮电影里的“东莞仔”“尖沙咀之狼”一样，多少带着点儿江湖匪气。在老外的文献和纪录片里可以看到，为了表示对他老人家的尊重，会直呼其名——列奥纳多，但既然我们已经把达·芬奇叫顺口了，也没必要改。

说到达·芬奇的童年，大家一定听过一个“画鸡蛋”的故事，说达·芬奇在刚入师门学艺的时候，师父只让他画鸡蛋而不让他画别的，由此打下了扎实的绘画基础。

但我并没有在任何权威传记中找到过这则典故，基本可以断定，“达·芬奇的鸡蛋”和“牛顿的苹果”“爱迪生救妈妈”差不多，都是大人为了骗……不对，教育小孩而杜撰出来的。事实上，鸡蛋画得再好，你也不可能成为达·芬奇的。艺术这东西终究还是要看天赋的。

《美杜莎》（Medusa）
彼得·保罗·鲁本斯（Peter Paul Rubens），1617—1618

在瓦萨里的《艺苑名人传》里（瓦萨里是文艺复兴时期的一个奇人，我在后面的章节里会专门介绍他），倒是记载过一些达·芬奇的童年往事（当然要说真实性的话，现在已经无从考证了）。故事是这样的：

芬奇村当地有个农民，有一天，他砍了一棵无花果树，把它做成了一面盾牌。然后，他找到了达·芬奇的老爸皮耶罗，想请皮耶罗找人在上面画点儿图案。于是，皮耶罗就把这面盾牌交给了小达·芬奇，让他自由发挥。于是，达·芬奇在盾牌上画了一只怪兽，用光线营造出一种恐怖的特效。达·芬奇的老爸打开房门时，被吓得大叫："哎哟，妈呀！"

这个故事放在今天听起来可能会觉得有点扯，一幅画能有多吓人呢？达·芬奇他爸的戏还挺多。

但是，我觉得这个故事很有可能是真的。这得从两个方面来思考：

首先，虽然这面盾牌现在已经下落不明了，但各种证据表明，达·芬奇当时画的这只怪兽很有可能是把大多数人都觉得恶心的生物组合在了一起，比如蛇、蜥蜴、蜈蚣、蝙蝠……它几乎就是一套贝爷（《荒野求生》主持人）的食谱，反正总有一款能恶心到你。

你如果是个爬行动物爱好者，对这些东西都无感，那也不要紧，因为每个人心中都会有那么一小块不敢触碰的阴影……达·芬奇很可能就是画出了他父亲心中最害怕的某样东西，这也多少带着点儿小孩的恶作剧心理。

《美杜莎》（Medusa）
卡拉瓦乔
1597

这是卡拉瓦乔画的《美杜莎》，估计达·芬奇的那面盾牌大概就长这么个样子……

其次，500 多年前的人可不像我们这些现代人。我们已经被各种电影弄得“百吓不侵”了，怎么可能会被一幅画吓到？

但文艺复兴时期的那帮人可不一样。你如果真的搞一部《咒怨》给达·芬奇的老爸看，估计能直接把他吓死。一样的道理，如果 500 多年后的人看我们今天用各种臆想出来的东西（比如僵尸、吸血鬼）自己吓自己，说不定也会觉得我们小儿科，不可思议……谁知道呢？

言归正传，达·芬奇他爸在被吓了一跳（或恶心了一下）之后，并没有把儿子“胖揍”

一顿，而是忽然有了“好东西要大家一起分享”的念头。于是，他叫了一个朋友来“欣赏”这块盾，结果他的那个朋友也被吓得大叫“哎哟，妈呀！”

达·芬奇他爸这么做，倒也不全是为了恶作剧，因为他这个朋友也不是一般人。他的名字叫

安德雷亚·德尔·韦罗基奥

（Andrea del Verrocchio）。

他当时也算是个有名的艺术家，最出名的一件作品是一个球……这不是在调侃，韦罗基奥真的造了一个球，就戳在圣母百花大教堂的顶上。

我们现在看到的这个球已经不是原来那个了，原来那个球已经被雷劈掉了。

圣母百花大教堂的总设计师是布鲁内莱斯基（“小斯基”），这在前面已经讲过了。他在设计教堂穹顶的时候就考虑往屋顶上戳一个巨大的球，但是球还没安上去，他自己先死了。

由于布鲁内莱斯基生前知识产权的保护意识很强，使得圣母百花大教堂差点儿因为少了个球而再次变成一栋烂尾楼。

后来，韦罗基奥做出了个球，而且成功地安了上去！因为这颗球，他一举成名。

韦罗基奥从达·芬奇的盾牌中看出了这个小子日后必成大器，于是便建议达·芬奇他爸把这小子送到他的工作室里学艺。

（其实这段是我瞎编的，我怎么可能知道韦罗基奥有没有看到过这面盾牌，不过我想既然达·芬奇的老爸想让儿子拜师，那总要有一些拿得出手的作品吧。）

当时的许多艺术家都是以一种“工作室”的模式运营的，后来的拉斐尔工作室就是最有名的例子。毕竟靠自己一个人画，没有办法做到量产。你如果没办法像有些歌手那样一首歌吃一辈子，那就只能成立工作室，然后雇一批徒弟批量化生产。许多艺术家成名后自己都不用动笔，负责任一点儿的，也就是设计个大概的构图。

达·芬奇进入韦罗基奥的工作室之后，就变成了“一号流水线的奇仔”。在乌菲兹美术馆的“达·芬奇馆”里，挂着一幅很有意思的画——《耶稣受洗》。

为什么说它有意思呢？因为看这幅画就好像在李小龙的电影里看到跑龙套的成龙一样。

这幅画一共有四个人物，其中有一个出自达·芬奇之手——左下角这个小天使。

《耶稣受洗》（The Baptism of Christ）
韦罗基奥和达·芬奇（Verrocchio and da Vinci），1470—1475

你如果有机会去佛罗伦萨亲眼看一下这幅画，就会发现达·芬奇画的这个小天使和身边韦罗基奥画的放在一起，确实一眼就能看出差别。即使是完全不懂艺术的人，也能看出达·芬奇画的这个小天使皮肤更加细腻，眼神里都是戏。

据说，韦罗基奥看到达·芬奇画的小天使之后，从此放下了画笔，不再画画了。

当然啦，这句话可以有两种理解：第一种是“我的学生都能画成这样，我以后没得混了！不画了！”另一种是“既然有画得这么好的徒弟，我还有必要亲自动手吗？不画喽！”

我自己反而更喜欢第一种理解，因为带着这种理解看这幅画会更有戏。你看韦罗基奥画的小天使正望着达·芬奇画的小天使，眼神里好像充满羡慕和嫉妒，而达·芬奇画的小天使望着谁呢？

神！

追求的目标本就不同，成就怎会一样？

想想也是，韦罗基奥在艺术史上的地位和达·芬奇完全就不是一个级别的，一个是靠工作室接单过日子的，一个是500多年来最伟大的艺术家之一。

很快，韦罗基奥肚子里那点儿货就满足不了达·芬奇的胃口了。他开始从其他大师的作品中吸取养分，先是从乔托的作品中学习透视法，后来对一个叫马萨乔的画家产生了兴趣。（右边这幅就是马萨乔的作品。）

马萨乔是一个很有意思的画家，你可能都没听说过他，但他的活儿是真的好。他的业务水平和知名度完全不成正比，因为他死得太早了，只活到27岁。

马萨乔的画究竟好在哪儿呢?

他的景深比乔托的更强，人物的光影也更加立体。

马萨乔完善了乔托的透视法，他的画好像真的是在墙壁上掏出个洞来。

《圣三位一体》（The Holy Trinity）
马萨乔（Masaccio），1426—1428

在看完马萨乔的作品后，达·芬奇开始思考：

模仿古代作品（人体）和运用现代新发现（透视法），究竟哪一种更好呢？

经过长时间的思考和实践，达·芬奇得出了结论：

“当然是结合起来最好啦！”

这话看上去就像一句废话，但它蕴含了文艺复兴的精髓！

我之前讲过文艺复兴就是一场复古运动，但其实历史上的每次复古都会掺杂一些新的东西，这些新的东西也就是当下时代所取得的成就。

所以，文艺复兴并不只是单纯地复兴古希腊、古罗马的艺术，它加入了这个时代所取得的成果，而这个成果就是**透视法**。这也使得文艺复兴的壁画真正从 2D 变成了 3D。

抓住时代脉动的达·芬奇，逐渐成为当时画遍天下无敌手的一代宗师。

如果达·芬奇晚 100 年出生，他也许就只能像独孤求败那样找个山洞驯大雕了……有的时候，**无敌也是一种寂寞。**庆幸的是，他生在文艺复兴时期，上天为他安排了一个够狠的对手，他就是——米开朗琪罗。

达·芬奇和米开朗琪罗绝对是一对天造地设的冤家。他们第一次面对面争吵，是在佛罗伦萨的圣三一广场上。

达·芬奇被几个人拦下来，请教他几句但丁的诗……正好这个时候，米开朗琪罗从广场上经过，达·芬奇不知道是出于不耐烦还是没事找事，指着米开朗琪罗说："你们可以去问米开朗琪罗，他一定能回答你们。"

就这么一句话，听起来好像也没冒犯到米开朗琪罗。但米开朗琪罗却像炸了毛的猫一样，指着达·芬奇咆哮道："你自己为什么不回答？马男！你的铜马造得怎么样了？你个只知道半途而废的废物！！"

这段话听起来似乎有点儿莫名其妙，故事其实是这样的：达·芬奇一直计划造一匹巨型的铜马雕像，但不知道是因为材料、技术的限制，还是单纯地因为拖延症……总之，这匹马始终没造出来。

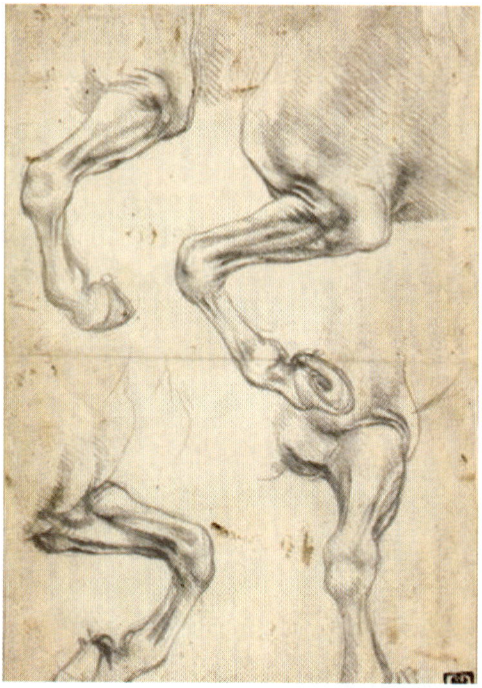
马的习作

马的研究

但这又和米开朗琪罗有什么关系呢?

其实，他俩的梁子早在米开朗琪罗雕完《大卫》的时候就结下了。《大卫》完工后，佛罗伦萨市政府特地组织了一个讨论小组，来商量究竟要把这个巨型裸男放在哪儿……米开朗琪罗极力要求把它放在室外，可以让更多人看到，而达·芬奇却建议把它放在室内。米开朗琪罗便认为达·芬奇是在故意整他，在他的眼里，这就好像故意写影评建议院线不要给《大卫》排片量一样。而达·芬奇可能真不是个心眼儿那么小的人，他的理由是如果把这件作品放在露天的环境下日晒雨淋，很容易坏。而且，从达·芬奇的笔记手稿来看，他确实很欣赏《大卫》，甚至还曾临摹过他的站姿。

但在米开朗琪罗的眼里，达·芬奇出名比他早，口碑也比他好，人还长得帅。（我们现在看到的达·芬奇都是大胡子造型，但是根据当时的文字记载，达·芬奇是佛罗伦萨出了名的大帅哥。因为他长得太好看了，所以他的老师韦罗基奥还以他的样子造了一座雕塑。）

姿势与大卫相仿的赫拉克利斯

《大卫》（David）
韦罗基奥（Verrocchio），1473—1475

拼硬件是肯定拼不过的，“那我就在业务水平上打败你”。众所周知，达·芬奇是个喜欢挖坑又不喜欢填的人，想法很多却经常烂尾。所以，米开朗琪罗就雕了个达·芬奇一辈子都雕不出来的巨型裸男。“这下你服了吧？结果你却不让我放出来给大家看，那我当然不买账！”

除此之外，在有些艺术史学家看来，米开朗琪罗和达·芬奇之所以互相看不顺眼，还有一些内幕和隐情：首先是政治对立，当时达·芬奇代表了美第奇家族，而米开朗琪罗则是代表反对美第奇家族的共和国；其次是信仰，米开朗琪罗是个虔诚的基督徒，而达·芬奇相信科学，所以经常会对一些教义提出质疑，这彻底踩到了米开朗琪罗的底线。

如果说广场上的那次争吵只能算是打嘴仗，那接下来他们将迎来一场真正的世纪对决。

1503 年，佛罗伦萨市政厅要装修一面墙，作为当时“软装界一哥”的达·芬奇理所当然地接下了这个单子。他打算在墙上画一幅巨大的战争壁画——《安吉里之战》……有意思的是，市政厅把达·芬奇对面的那堵墙交给了米开朗琪罗。

结果，达·芬奇又烂尾了。据说是因为他使用了一种自己特制的颜料，还没画完，画就开裂了。直至画到 1506 年，他彻底放弃了。

达·芬奇《安吉里之战》草稿

《安吉里之战》（The Battle of Anghiari）
彼得·保罗·鲁本斯（Peter Paul Rubens）
1603

被认为是达·芬奇为了《安吉里之战》所作的习作，或被认为是一幅质量较高的复制品

不管是不是因为达·芬奇的放弃，米开朗琪罗后来也不画了。这场世纪之战就此不了了之……

（现在佛罗伦萨某宫殿的墙壁上，画着瓦萨里的壁画——《马西亚诺之战》，但是瓦萨里出于对达·芬奇的敬仰，并没有把壁画直接画在达·芬奇的原画上，而是另起一堵墙，将达·芬奇的原作保存了下来。也就是说，达·芬奇的原作现在仍然保存在瓦萨里的那幅壁画的背面！）

《马西亚诺之战》
（The battle of Marciano in Val di Chiana）
瓦萨里（Vasari）
1570—1571

我好像扯远了，说回圣三一广场的那场骂战。

达·芬奇当时完全没有料到米开朗琪罗会破口大骂，而且一开口就直戳痛处……这次攻击直接把达·芬奇骂抑郁了。后来，他还在笔记本里写道：“告诉我，我没完成过什么作品？……告诉我，我完成过什么作品？”

米开朗琪罗可能真的很讨厌达·芬奇。但在达·芬奇的心里，他还是挺欣赏米开朗琪罗的。

他看过米开朗琪罗原本打算向他应战的那幅草图（米开朗琪罗当时创作了《卡辛那之战》的草图）后说：“我几乎都不敢相信自己的眼睛，没人能想到他的艺术达到了什么境界！他今天不仅可以与我匹敌，甚至……已经强过我了。”

看到这里，你可能会觉得，达·芬奇弱爆了。他和大家心目中的形象怎么相差那么多？

你如果换个角度看问题，就会发现达·芬奇真的很强。

假设达·芬奇从不烂尾，一心一意地扑在艺术上，

那他就不是达·芬奇了！

他之所以总是烂尾，是因为他的兴趣实在太广泛了。除了艺术家这个身份，他同时还是数学家、音乐家、解剖学家、科学家……就拿这次“市政厅比武”来说，他都不是专程为此而来的，他来佛罗伦萨的主要目的是帮执政官设计攻城武器。“比武”只不过是顺手做的事罢了。

其实，你可以这样理解达·芬奇：有些人看似样样都懂，但样样都不精，而达·芬奇却是样样精通！光艺术这一项，**他就能和米开朗琪罗匹敌，**更不用说其他的了。这样听起来，是不是觉得他厉害了许多？

而达·芬奇之所以能和米开朗琪罗匹敌，靠的就是下面这幅画：

《最后的晚餐》（The Last Supper），1495—1498

这幅画算得上艺术史上的奇迹了，画里画外都是戏！

“二战”时期，它差点儿被盟军的飞机炸掉，结果是房间里的三面墙都被炸飞，唯独画着《最后的晚餐》的这面墙完好无损。也许，上帝也热爱艺术吧。

《最后的晚餐》其实是一幅画在米兰圣玛利亚慈悲修道院的食堂里的壁画，画的是《圣经》中的一个经典桥段：

耶稣在吃饭的时候忽然对他的门徒们说：**“有内鬼！”**（原文是：耶稣已经知道自己将被捕，他对门徒说：“你们中间有人要出卖我。”）

看过电影《无间道》的朋友可以想象这样一个场景：曾志伟（老大）在和一群小弟吃饭的时候忽然拍桌子说：“你们中间有个二五仔（你们中间有一个是内鬼）！”你想象一下这时梁朝伟（卧底）的表情，气氛是不是很紧张？要知道气氛全是由对白和背景音乐营造出来的，而对于一幅壁画来说，总不可能找人来配音吧？

所以说，这幅画牛就牛在这里，在没有语言、完全不用 BGM（背景音乐）的情况下，只靠人物的表情和动作，在一个二维平面上营造出了一种紧张的气氛。这就是达·芬奇最擅长的绝招——

通过动作表现内心世界。

当耶稣说出这句话的一瞬间，有的人很愤怒（准备拿刀砍人的彼得），有的人很激动（站起来的巴多罗买），有的人很惊讶（安德烈），还有一个好像在打瞌睡没听到（约翰）……

只有一个人的肢体下意识地往后仰了一下，右手攥了一下钱袋（里面有出卖耶稣换来的金币）。这个人就是叛徒犹大。

这种肢体语言可以说是影帝级别的了。

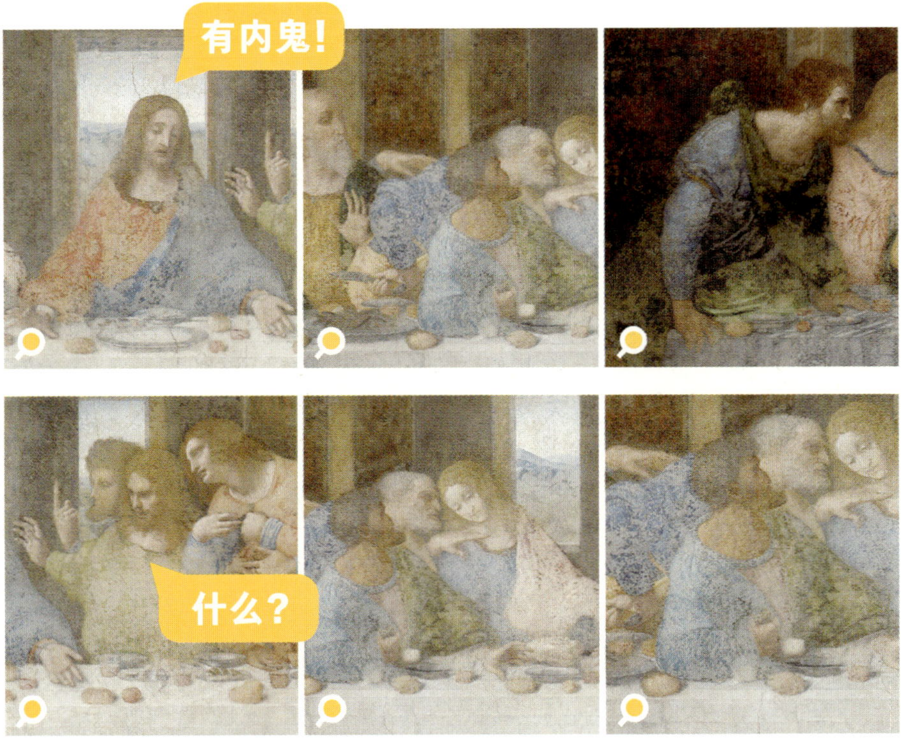

这是一幅前无古人、后无来者的作品，这种题材一直都有人画，却没有一幅能够和达·芬奇的这幅相匹敌。如果拿各个时期的《最后的晚餐》比较就会发现，画中（或者雕塑中）的犹大都能一眼被认出来：不是被大家排挤得只能坐在对面，就是把他脑门上的“电灯泡”给关了。

这么做虽然把卧底揪出来了，但会让整幅画看上去很不自然，甚至显得有点儿做作。而在这幅画中，达·芬奇把这 13 个人安排得很自然，而且你要通过对每个人的神态、动作的观察才能分辨出谁才是那个卧底。想象一下：你通过线索推理出“这个人”就是卧底的时候，会不会很有成就感呢？让作品与观众产生强烈的互动，这就是达·芬奇超越前人的地方。

关于这幅画，还有一个小段子。

《最后的晚餐》（The Last Supper），多米尼克·吉兰达约（Domenico Ghirlandaio），1480

据说，达·芬奇在画这幅画的时候一直不动笔，成天坐在那儿思考。修道院院长觉得他拿钱不干活，就一直“催稿”。于是，达·芬奇就回答说：“嗯，是这样的，我一直在思考的问题就是‘犹大怎么画’。如果你逼我，我就把你画成犹大！”从此，院长再也不敢在达·芬奇面前晃悠了。幸亏院长识相，否则他的下场就会和前面教皇的司仪官一样了。所以说，还是那句话：

千万不要得罪画家！

谁知道他会不会名留青史呢？

在这章最后，我想再聊一下她——

《最后的晚餐》（The Last Supper），乌戈里诺·迪·奈利奥（Ugolino di Nerio），约 1325—1330

蒙娜丽莎。

说到达·芬奇，她一定是个绕不开的话题。既然绕不开，那我们就来聊聊吧……

先从她的这个名字——蒙娜丽莎（Mona Lisa）说起：

Mona 在意大利语中是“小姐”或“女士”的意思，那 Mona Lisa 从字面上看就是“丽莎小姐”的意思。但在意大利北部的俚语中，Mona 这个词还有一种比较粗俗的意思——“傻子”……所以说，Mona Lisa 也有“傻子丽莎”的意思。

那么，这个“傻子丽莎”究竟是谁？达·芬奇又为什么要画她呢？

瓦萨里在《艺苑名人传》里有这样一段关于“傻子丽莎”的记载：

“列奥纳多（达·芬奇）应弗朗切斯科·德尔·焦孔多（Francesco del Giocondo）之邀，为他的妻子蒙娜丽莎（Mona Lisa）画一幅肖像画，画了 4 年没画完。现在这幅画在法国国王弗朗西斯（Francis）的皇宫枫丹白露中。”

（原文英译：Leonardo undertook to execute, for Francesco del Giocondo, the portrait of Mona Lisa, his wife, and after he had lingered over it for four years, he left it unfinished; and the work is today in the possession of King Francis of France, at Fontainebleau.）

由此可见，蒙娜丽莎应该就是这个叫弗朗切斯科的人的老婆。

看上去没有任何问题，但接下来这段就让人匪夷所思了……

《蒙娜丽莎》（Mona Lisa
约 1503—1506，一说 1503—15

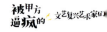

瓦萨里接着对这幅画进行了一系列的描写，主要是说达·芬奇画得多么多么好，多么多么真实……

让人匪夷所思的是其中这一段话：

“她的眉毛展示了毛发从皮肤里生长出来的方式，越靠近看就越稀疏，顺着皮肤中毛孔的走向弯曲，没有比这更自然的了。”

（原文英译：The eyebrows, through his having shown the manner in which the hairs spring from the flesh, here more close and here more scanty, and curve according to the pores of the flesh, could not be more natural.）

看完这段话，你是不是有种“很想看一眼那两条眉毛”的冲动?

我们再看一眼卢浮宫的这幅《蒙娜丽莎》，

根本没眉毛，好吗！！！

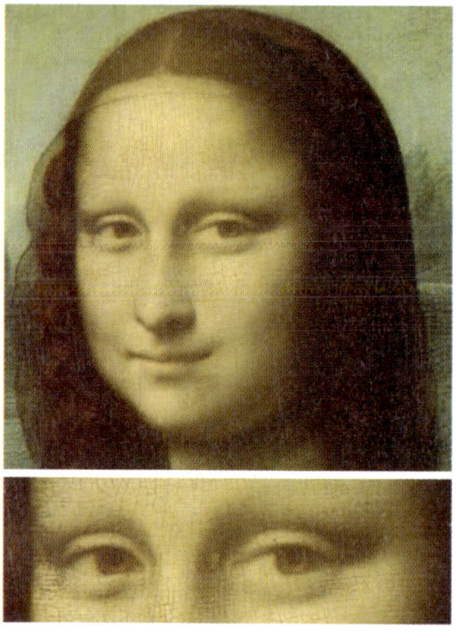

瓦萨里是瞎了，还是傻了？

有意思的是，1504 年时，达·芬奇的粉丝拉斐尔临摹了这幅《蒙娜丽莎》。

注意！

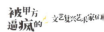

这幅画是有眉毛的！

不仅有眉毛，背景里还多了两根柱子！

这又是为什么呢？难道卢浮宫的那幅不是真正的《蒙娜丽莎》？那么，真正的《蒙娜丽莎》又在哪儿？

注意瓦萨里的文字里有这样一句话：“……left it unfinished（未完成）……”关于这点，看完前文的你应该已经习惯了吧，难道这又是一幅烂尾画？这么说起来，卢浮宫那幅画里的人究竟是谁？

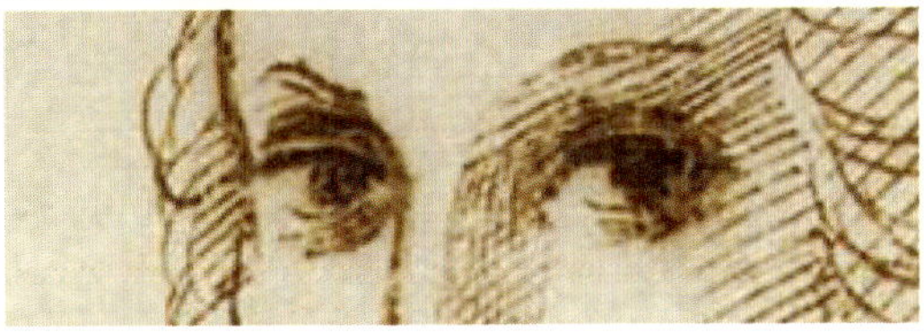

《阳台上的女人》（Young Woman on a Balcony）
拉斐尔，1504

据记载，《蒙娜丽莎》是从1503年在佛罗伦萨开始画的，最后收工是在1517年的法国……要知道，在那个时候，一个人能活40岁就已经算高寿了，一个女人的样貌怎么可能在14年间没有变化？那达·芬奇会不会是画到一半就把它丢在一边，十几年后跑到法国又画了一幅呢？而法国卢浮宫的这幅是完全凭想象画出来的？

而且，同一个题材画两个版本其实也是达·芬奇比较惯用的路子：

终于，在将近100年前，英国又冒出了一幅**《蒙娜丽莎2.0》**。

人们称它为《艾尔沃斯·蒙娜丽莎》（*The Isleworth Mona Lisa*）。

这幅画里**有眉毛，也有柱子。**

《岩间圣母》（Virgin of the Rocks）
伦敦版本
达·芬奇，1491—1506

《岩间圣母》（Virgin of the Rocks）
卢浮宫版本
达·芬奇，1483—1485

难道她才是真正的“傻子丽莎”吗？……

谁知道呢？

2015 年，BBC 推出了一部纪录片《蒙娜丽莎的秘密》（*Secrets of The Mona Lisa*），片子中的科学家帕斯卡尔·科特（Pascal Cotte）通过现代科技手段，找出了卢浮宫的那幅《蒙娜丽莎》下面还藏着另一张脸，而这张脸就有两条明显的眉毛。也就是说，达·芬奇确实画了两遍这幅画，只不过两遍全都画在了同一张布上！

《艾尔沃斯·蒙娜丽莎》（The Isleworth Mona Lisa）（传）
达·芬奇，时间不详

这要是哪天法国人民没钱了想要拍卖这幅画，说不定能卖个 double（双倍）价钱呢……

说完眉毛，再来看看她的嘴（搞得好像整容医院的案例一样）。

说到《蒙娜丽莎》，大多数人应该会想到"神秘的微笑"吧！

BBC 截图

那她究竟在笑什么？

这里有两种说法：有人认为，因为她是她老公遗产的唯一继承人，老公死后，她将成为一个有钱的富婆；还有一种说法是，她为自己怀有身孕而喜悦。

我个人认为这两种说法都不太靠谱……什么缺心眼的人会在老公还没死的时候，就表现出"老公死了，我就发财了！"

所以，与其钻研"她为什么笑"，还不如想想**她有什么不笑的理由。**

你如果花了一大笔钱，请了当时最有名的画家给自己画肖像，难道还哭丧个脸吗？又不是画遗像……

所以说，神秘的并不是她为什么笑，而是"她为什么笑得那么神秘"。

达·芬奇除了"摄人心魄"之外，还有一招独门绝技，叫作

"渐隐法"

（又叫晕涂法）。

什么意思呢？

举个例子，如果我给你一支铅笔让你画一张脸，你可能先会画一张脸的轮廓，然后再画眼睛、嘴巴……

在你画完这张脸之后，再用一块橡皮顺着刚才的轮廓擦，当然不能擦得太干净，这样就会在纸上留下一个模糊的轮廓。

大概就是这么个意思。当然啦，达·芬奇这套绝技并没有那么简单。你可以把它理解为在人物轮廓上加了一个复杂的滤镜。

为什么要介绍这种画法呢？

因为……这正是“蒙娜丽莎神秘微笑”的奥秘！

我们一般判断一个人的喜怒哀乐是通过他的眼角和嘴角。但你如果仔细看蒙娜丽莎的眼角和嘴角，会发现达·芬奇刻意做了模糊处理。他在眼角和嘴角处都用了**“渐隐法”**，使它们逐渐地融入阴影之中，这就营造出一种似笑非笑的感觉。

所以说，蒙娜丽莎的微笑之所以神秘，是因为**你看不清她到底是不是在笑！**

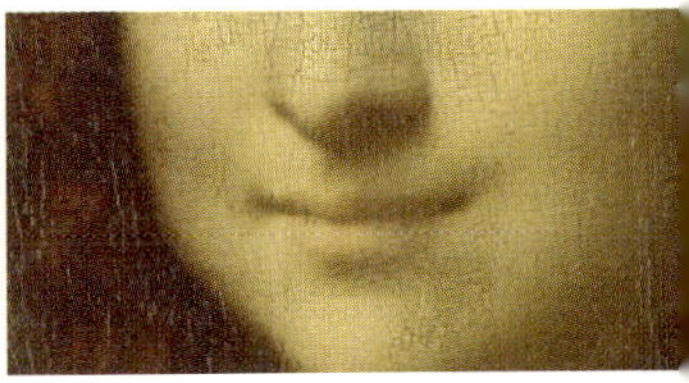

听起来有点诡异吧？接下来还有更诡异的……

《蒙娜丽莎》之所以那么有名，其实并不是因为她神秘的微笑。

卢浮宫曾经发生过一次偷盗事件，失窃的正是这幅画。

说这件事情之前，我还得介绍一下前因后果。

你有没有注意到一点：达·芬奇和蒙娜丽莎都是意大利人，为什么一个意大利老头画的意大利女人，会成为法国卢浮宫的镇馆之宝呢？

这里先要普及一下历史背景，文艺复兴时的意大利并不是一个统一的国家。它类似于古希腊，是由许多独立的城邦组成的，比较有名的有佛罗伦萨、威尼斯、教皇国、米兰等，不同的城市会相互竞争，它们都想把有名的艺术家拉来为自己服务。晚年的达·芬奇“转会法国”，并且一直生活在法国（不知道是不是被米开朗琪罗气走的）。他去世后，《蒙娜丽莎》就成了法国人的财产。

1911年，一个爱国的意大利人认为《蒙娜丽莎》应该属于意大利，便在夜深人静的时候把《蒙娜丽莎》藏在衣服里带回了自己的祖国。虽然他最后在意大利被捕了，但是意大利人认为他是民族英雄，法庭最终只判了他12个月的有期徒刑，后来又缩短到7个月。

卢浮宫里的《蒙娜丽莎》

文艺复兴之梦

拉斐尔，1483—1520

现代人应该都很熟悉“美国梦”这个词，基本上就是“美国穷人逆袭”的意思。20 世纪的美国，好像到处都是白手起家的富豪……这种“梦”往往发生在当时的世界商业中心。

而 500 多年前的佛罗伦萨作为文艺复兴的中心，自然少不了这类故事。这一章，我就来讲一个“佛罗伦萨梦”的故事。

1504 年，一个 20 岁出头的年轻人来到了佛罗伦萨……

他就是这个故事的主人公，我们从下页的这幅自画像上能够看出几点线索：

1. 他长得很漂亮，或者说是柔美。
2. 从他的眼神中，可以看出他是个温柔的人（后面的故事也确实证明了这一点）。
3. 他具备超群的绘画天赋（这幅自画像是他在 16 岁的时候画的）。

这个年轻人来到佛罗伦萨时，身上带着一封推荐信。信的内容大概就是他是个很有天赋，并且很有礼貌的年轻人……写这封推荐信的人是乌比诺公爵的母亲。乌比诺（Urbino）是个地名，也是这个年轻人的故乡。因此，如果按照达·芬奇（da Vinci）名字的由来，你可以称这个年轻人为

达·乌比诺

（da Urbino）。

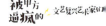

你一定没听过这个名字，当时的佛罗伦萨也没人认识他。但接下来，他将

打乱整个文艺复兴的格局！

乌比诺这小子到达佛罗伦萨的时候，那里正在进行一场世纪对决，就是上一章提到过的达·芬奇和米开朗琪罗的壁画对决。

这两个超级巨头各自占据了艺术界的半壁江山，有点像20世纪80年代香港歌坛的谭咏麟和张国荣（唉……真是个暴露我年龄的例子）。

当时，两人分别向公众公布了他们创作的草稿。在那个时候，草稿就相当于现在的电影预告片一样，这就像是一针“鸡血”，观众的胃口彻底被吊了起来。所有人都想通过这次对决，看看谁才是真正的**“文艺复兴一哥”**。

但是，让所有人都没想到的是，真正的“一哥”居然是站在人群中的一个无名小卒——**乌比诺小子**。

临摹达·芬奇的《丽达和天鹅》，1507

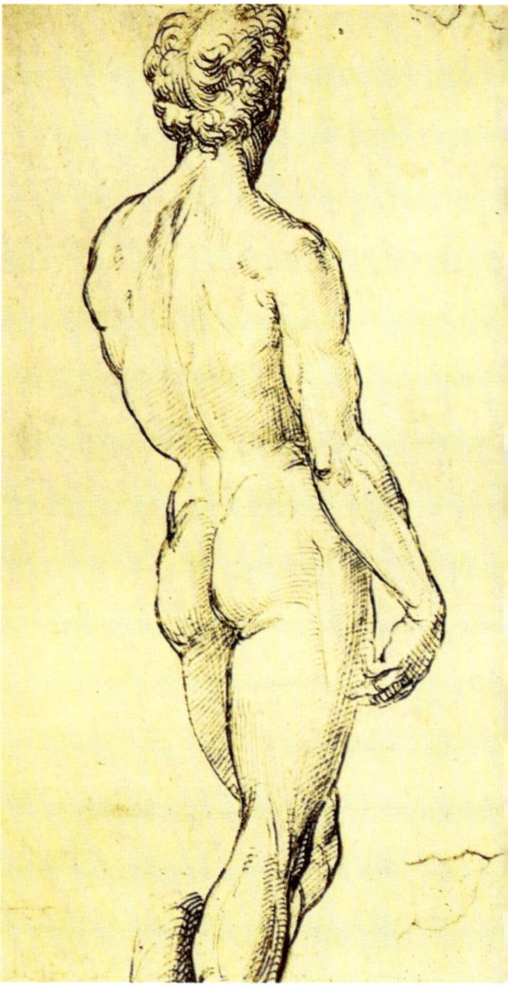

临摹米开朗琪罗的《大卫》，1508

他也看到了这两部“预告片”，并且深深地体会到了自己和两位大师之间的差距。接下来，他做了一个决定——

抄！

“如果我能把两位大师的优点融合在一起，那是不是很厉害？”

虽然这听起来是个简单又粗暴的方法，但并不是所有人都能做到，因为大多数人甚至不知道要抄什么。而乌比诺这小子的模仿不是简单的“山寨”，他不仅找到了两位大师的精髓，而且还带上了自己的风格。

通过不断临摹达·芬奇和米开朗琪罗的作品，他发现：达·芬奇的精髓在于**人物的表情**；米开朗琪罗的精髓，则是**肢体动作**。而他自带的个人风格也很强烈，分别是**抠细节**和**柔美**。

他给教皇画的这幅肖像画《利奥十世》，连椅背上金属制品的反光都画了出来。如果凑近看，甚至能看出教皇身上天鹅绒面料柔滑、光亮的质感。

他画的肖像画总有一种柔美的感觉。

这可能和他的个性有关吧！他笔下的人物，无论男女，都给人一种莫名其妙的扭扭捏捏的感觉。每个人都像琼瑶剧里的人物似的。

将这几种风格融会贯通之后，乌比诺小子便开始选择创作题材……

《宾多·阿托维蒂的肖像》（Portrait of Bindo Altoviti ）
约 1515

《利奥十世》（The Portrait of Pope Leo X）
约 1518

他并没有选那些生僻的神话故事，而是选择了当时最大众的一个形象——**圣母**。

为什么要选圣母呢？这就和现在大多数的网络游戏都会以《三国演义》和《西游记》为背景一样，大家都知道其中的故事，完全不需要科普。

注意他笔下的圣母的表情：

《草地上的圣母》（Madonna in the Meadow），1505—1506

《尼科利尼·考珀圣母》（The Niccolini-Cowper Madonna）1508

《圣母子》（The Small Cowper Madonna）1505

据说，这些表情都出自达·芬奇的《丽达和天鹅》。

《丽达和天鹅》（Leda and the Swan），达·芬奇原作摹本，1515—1520

乌比诺小子所画的圣母一经推出就成了“爆款”，顿时轰动了整个佛罗伦萨。

当时，人们甚至用他画的圣母来称赞女孩子的美貌：

你长得和乌比诺小子画的圣母一样！

为什么乌比诺小子画的圣母那么美呢？

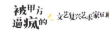

他曾在一封信里写道：**“为了创造一个完美的女人，我必须观察许多美女，但由于美女难求，我只能按照自己头脑中的理念去创造。”**

这句话的意思就是他画的女人先集合了许多美女的优点，然后他还要再加一层美颜滤镜，即三分真，七分假。

就这样，乌比诺小子瞬间变成了**美丽制造者。**

他的出现一下子打破了由达·芬奇和米开朗琪罗“各占半壁江山”的格局。你想，对于那些富豪来说，顶级画师一共就那么两个：

选择 1：动作很慢，还不能保证一定就能画完，跳票烂尾率在 80% 以上。

选择 2：脾气暴躁，长得还丑。万一没按时结账，他能跑到战场上追债。

这时候，突然出现一个脾气好，长得帅，画谁谁美的“人肉美颜相机”。

你说谁的生意会更好些?

于是，乌比诺小子的人气瞬间爆棚，达官显贵们排着队向他邀画。

能弄到一幅他画的肖像，就相当于请安藤忠雄（日本著名建筑师）给你家设计房子一样，活着的时候有面子，死后还能当传家宝。

乌比诺小子被富豪贵族阶级认可之后，逐渐开始接一些大订单。

《阿格诺罗·多尼的画像》
（Portrait of Agnolo Doni）
1504—1507

《手拿苹果的青年男子》
（Young Man with an Apple）
1504

《巴尔达萨雷·卡斯蒂利奥的画像》
（Portrait of Baldassare Castiglione）
1514—1515

《独角兽与年轻女子》（Portrait of Young Woman with a Unicorn），约1505—1506

比如这幅**《基督下葬》**：

《基督下葬》（The Deposition），1507

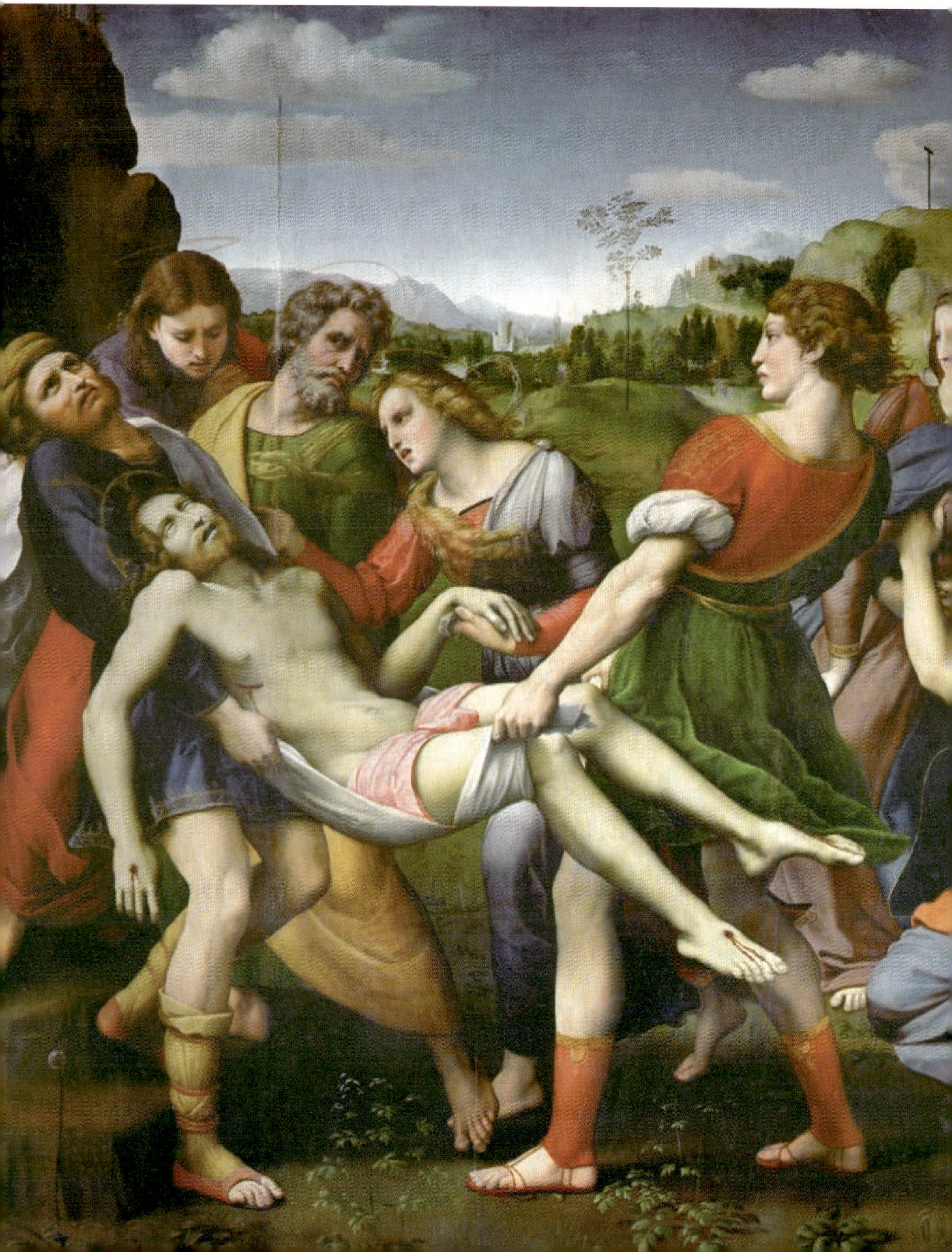

从这幅画的草稿来看，最初的构图设计其实不是这样的。

最初的构图倒是和他在乌比诺的师父**佩鲁吉诺（Pietro Perugino）**的作品很像，唯一不同的就是他画得比较好……

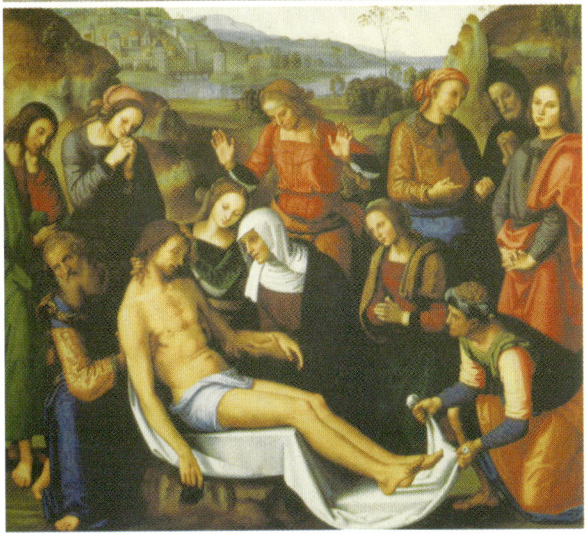

但后来为什么又改成现在的构图了呢？

据说，因为他看到了米开朗琪罗的**《圣母怜子像》。**

《圣母怜子像》（Pietà）

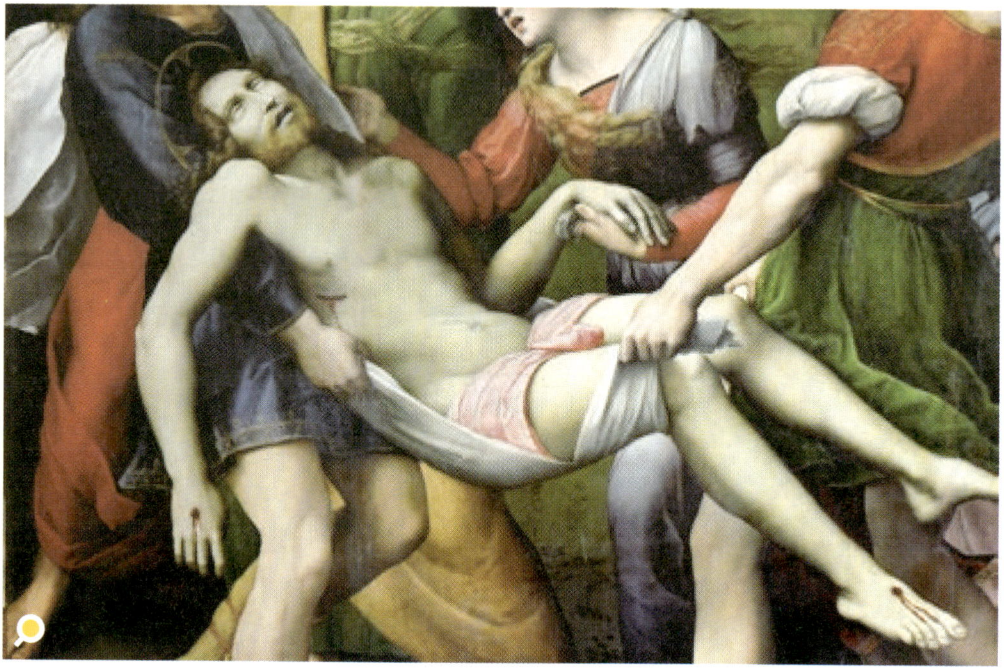

两个基督的肢体动作是不是很像？

注意整幅画右下角跪着的那个女人，据说这是在向米开朗琪罗的**《圣家族》（*Doni Tondo*）**致敬。

《圣家族》（Doni Tondo），约1507

我想：在乌比诺小子的心里，一定视米开朗琪罗为偶像，但米开朗琪罗应该挺讨厌他的……你也不用问为什么讨厌他，米开朗琪罗这一辈子就没喜欢过谁，更何况是一个抢他风头的后起之秀，而且对方还**比他帅！**

总之，乌比诺小子在佛罗伦萨可以说是出尽了风头，但他和两位前辈依旧存在着差距，因为那两位实在太强了！

他收到的订单确实源源不断，但画来画去都是些教堂的祭坛画和贵族家里的肖像画，没什么真正上得了台面的代表作。

米开朗琪罗的《创世记》《圣母怜子像》，还有戳在佛罗伦萨中心广场的那个裸男《大卫》，随便挑一个出来都能“秒杀”他的所有作品。

而达·芬奇就更不用说了，他用业余赚外快的时间，也能画出《最后的晚餐》和《蒙娜丽莎》这样的传世之作……

乌比诺小子要在短时间内赶上他们，只有一个办法——

抱大腿。

当时，艺术家只要被某个位高权重的大人物看上，那他就有机会创作名留青史的作品。

比如：科西莫·美第奇看上了布鲁内莱斯基，便给他机会去盖圣母百花大教堂的穹顶；洛伦佐·美第奇最喜爱的画师波提切利，创作了乌菲兹美术馆的镇馆之宝——《维纳斯的诞生》。

最不济的，即使艺术家没有机会创作这种级别的艺术品，只要得到当权者的青睐，那至少也有机会将名字留在历史长河中。比如科西莫最喜爱的雕塑家多纳泰罗，再怎么样也至少混进了那四只“忍者神龟”里。

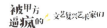

于是，乌比诺小子马上锁定了他要拍马屁的对象——**教皇朱利乌斯二世。**

没错，这个教皇就是前面米开朗琪罗那章里讲的，被“米肌”追债追到战场上的那位。当时，他估计也正想开了“米肌”。要知道，堂堂教皇，全欧洲地位最高的人，居然被一个破画家追债追到战场上，多没面子啊！而且他还不能发火，堂堂教皇总不能把讨薪的杀了吧，这样更没面子。

《教皇朱利乌斯二世像》
（Portrait of Julius II）
1511—1512

乌比诺小子抓住了这个机会，获得了一个来自教皇的大订单——为他的私人办公室做软装（画壁画）。这个订单成就了他一生最著名的代表作——**《雅典学院》**。

《雅典学院》（The School of Athens）
1509—1511

《雅典学院》取材自古希腊哲学家柏拉图创办雅典学院的故事。

乌比诺小子脑洞大开地把历史上出现过的思想家们都聚集在一起，开了一场国际学术研讨大会。这场面看上去应该还挺壮观的吧？

“宝剑男”亚历山大

哲学家苏格拉底

数学家毕达哥拉斯

拿圆规的欧几里得

最有意思的是这个像摊烂泥一样的老头——**第欧根尼**。他奉行的人生哲学是“像狗一样活着”，说得高雅一点儿，就叫“犬儒”。传说，亚历山大大帝有一次站在他的面前说可以为他实现一个愿望，他却说：“走开！别挡着我的阳光。”所以以后如果有人问你，你的梦想是什么？你可以回答：“别挡住我的阳光！”听起来高冷，说起来过瘾！

而且，这一次，他直接把达·芬奇和米开朗琪罗本人给“致敬”到画上了……

乌比诺小子根据达·芬奇的肖像，画了哲学家柏拉图；根据米开朗琪罗的肖像，画了哲学家赫拉克利特。

当然了，他自己怎么可能放过这个名留青史的机会呢？他参考之前波提切利的“签名方式”，把自己的脸也塞了进去。

这应该是三个“冤家”第一次也是当时唯一一次“同框”。

通过这幅画，乌比诺小子证明了**自己不仅能画出小清新（肖像画），也能掌控大场面（壁画）。**

这幅画可以算是一个分水岭。画完这幅画，乌比诺小子真正赶上了他的两位前辈，成为和他们齐名的

“文艺复兴三杰”之一。

说到这里，可能你早就猜到乌比诺小子的真名了吧？

他就是

拉斐尔

（Raphael）。

这个时候，拉斐尔从名气到能力已经足以和另外“两杰”相抗衡了。

就拿他的另一幅代表作**《诗坛》（也叫《帕那苏斯山》）**来看：

画中一共有 28 个人，却一点不觉得乱。最牛的是人物与人物之间还**相互呼应！**

《自画像》（Self-Portrait）
拉斐尔，1506

《帕那苏斯山》（The Parnassus），1509—1511

几百年来，具备这种功力的只有一个人——

伦勃朗。

但他画中的人数远远不及拉斐尔……

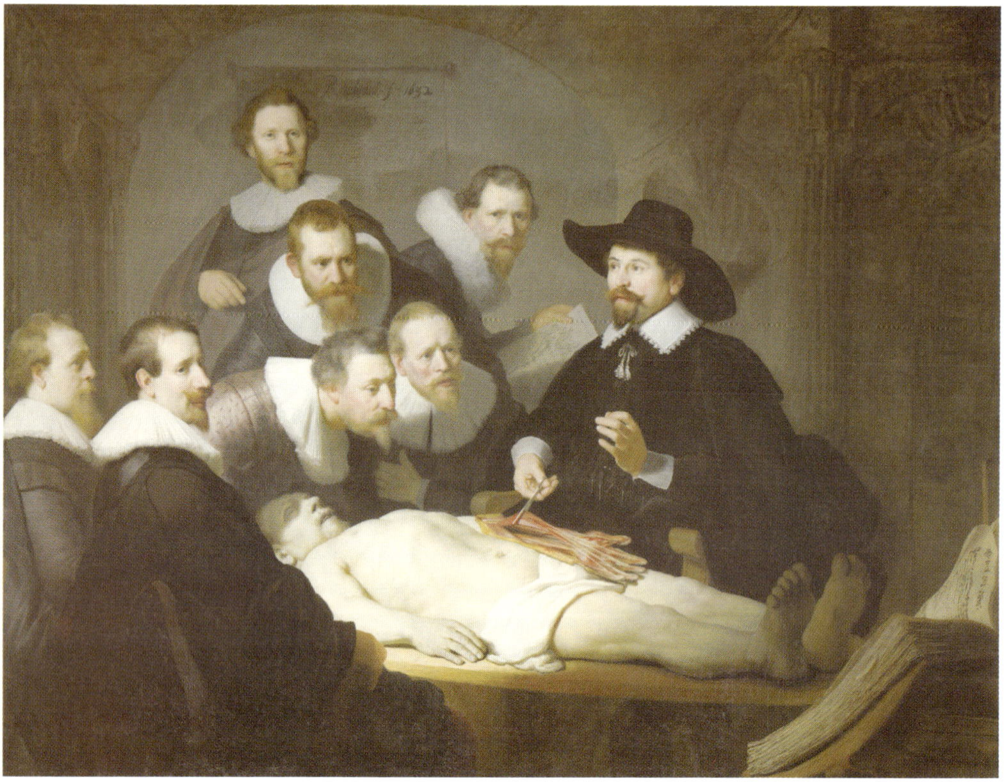

《尼古拉斯·杜尔博士的解剖学课》（The Anatomy Lesson of Dr. Nicolaes Tulp）
伦勃朗（Rembrandt），1632

如果将拉斐尔的画按照时间顺序排列梳理，那就是一部“穷人发迹史”。

他的业务水平是随着年龄的增长而不断提高的。

一个完全不懂艺术的人也能看出其中的差别。

《马达莱娜多尼肖像》是他 23 岁时的作品，且不说画功，连人物的姿态都是照搬《蒙娜丽莎》的。

《马达莱娜多尼肖像》
（Portrait of Maddalena Doni）
1504—1507

《披纱巾的少女》
（Woman with a Veil）
约 1512—1515

再来看看他 33 岁时的作品——《披纱巾的少女》，

放在一块儿都难以相信这是同一个人画的！

但拉斐尔的业务水平在历史上也是褒贬不一的……

300 多年后，有一群来自英国的粉丝成立了一个以他名字命名的门派——**拉斐尔前派（Pre-Raphaelites）。**

它的主要成员有下面几位：

约翰·艾佛雷特·米莱斯（John Everett Millais）

但丁·加百利·罗塞蒂（Dante Gabriel Rossetti）

威廉·霍尔曼·亨特（William Holman Hunt）

为什么叫“拉斐尔前派”？

因为在他们看来，**拉斐尔出名前**的业务水平完全无法挑剔，但成名后，就开始雇“枪手”批量化生产，生产出来的产品自然就很“商业化”……在他的鼎盛时期，门下有 50 多名学徒，比较著名的有朱利奥·罗马诺（Giulio Romano）、乔瓦尼·达·乌代尼（Giovanni da Udine）、佩里诺·德尔·瓦加（Perino del vaga）。

朱利奥·罗马诺，1499—1546

《爱情戏》（The Lovers）
朱利奥·罗马诺（Giulio Romano），1525

自17岁出师到37岁的20年里，他居然创作了300多幅作品！而达·芬奇活了60多年，加上铅笔草稿和未完成的画也才50多幅。

拉斐尔的工作室就像是个流水线工厂，而他只需要掌握最后一道工序：签名（有些报价低的订单，甚至连名都不签）。

听上去好像有点儿不地道，但不管怎么说，反正他的客户愿意买单，我们又何必瞎操心呢？

这也可以算是之前奋斗的果实吧。

拉斐尔能在这么短的时间里就获得成功，除了过硬的业务水平外，还有最重要的一点：

情商高！

许多文学作品都将拉斐尔描绘成性格温雅、样貌清秀的美男子，我没和他聊过天，不知道这究竟是不是真的。但是，他能和每个客户搞好关系，相信这点就不是所有人都能做到的。

然而，性格好的人通常都伴随着一个致命的缺点，就是**不懂得拒绝。**

教皇朱利乌斯二世死后，新任教皇利奥十世（出自美第奇家族）也很喜欢拉斐尔，还为他说了一门亲事。

拉斐尔明显对这姑娘没感觉，但他又不好意思拒绝。

婚是订了，却一直不结！
直到他死了，这姑娘还是他的未婚妻……

其间，拉斐尔和一个面包师的女儿——玛格丽塔·卢蒂（Margherita Luti）打得火热……

火到什么程度呢？

拉斐尔死的时候只有37岁（和凡·高一样），有一种说法是他其实死于纵欲过度，就死在这位“面包妹”的床上。

拉斐尔本该传奇的一生，就这样莫名其妙地画上了一个句号。

更有意思的是，

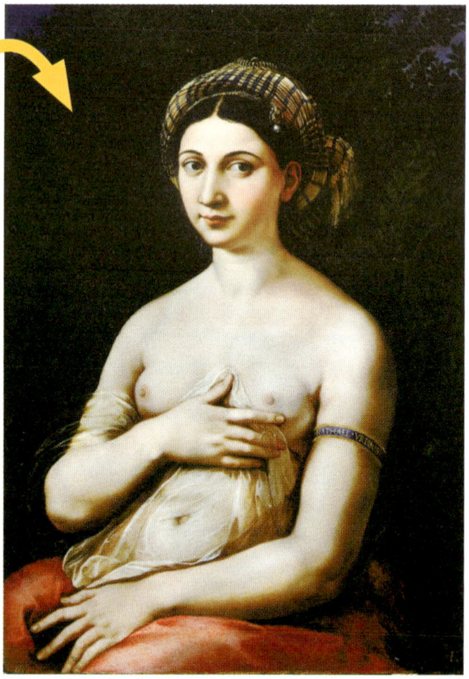

《年轻女人的肖像》（The Portrait of a Young Woman）
1518—1519

《主教为拉斐尔做媒》（The Betrothal of Raphael and the Niece of Cardinal Bibbiena）
安格尔（Ingres），1813—1814

他死的那天正好是自己的生日，而且那天也是耶稣受难日！

可能上帝也想请他在最巅峰的时候为自己画一幅肖像吧！

拉斐尔死后被葬在万神殿，他的墓碑上写着这样一段话：

拉斐尔长眠于此……

他生，大自然被其征服；

他逝，大自然随之而去。

《拉斐尔和弗纳利娜》（Raphael and the Fornarina ）
安格尔（Ingres），1814
（注释：弗纳利娜就是传说中的玛格丽塔。）

文艺复兴成功学
提香，约 1489—1576

有钱，是衡量一个人成功的标准吗？

你如果热衷于看那些成功学的书籍，会发现作者一定不会同意这个观点。然而，他们举的例子又往往都是那些有钱人，感觉就像自己在打自己的脸……

其实，这也没办法，因为社会价值和影响力很难量化，所以银行账户上的数字反而成为一个最直观的衡量标准。

如果按照这个标准，那文艺复兴时期最成功的艺术家应该就是他了——

提香

（Tiziano）。

《自画像》（Self-Portrait），约1562

提香到底多有钱？我们来算一笔账：

米开朗琪罗雕刻《大卫》花了 3 年的时间，最后赚了 400 个金币，而提香每年的固定收入是 700 个金币。所谓“固定收入”，就是什么事儿都不干便可以赚到的钱（主要是担任宫廷画师的年薪），而他每为国王查理五世画一幅肖像画，还可以得到 1000 个金币的奖金。

《查理五世骑马像》
（Equestrian Portrait of Charles V）
1548

《查理五世与猎犬画像》
（The Portrait of Charles V with a Dog）
1533

《查理五世坐像》
（Seated Portrait of Emperor Charles V）
1548

提香之所以那么有钱，其实原因也很简单：因为他是**威尼斯画派的“一哥”。**

只要是他想画的单子，基本没别人什么事儿，而且还能随便开价，当时整个意大利所有的权贵几乎都是他的客户！

那提香的业务水平究竟如何呢？

佛罗伦萨的那帮“老炮”其实看不上提香。不光提香，他们连整个威尼斯画派都有点看不上，就有点像奥斯卡的小金人看不上柏林的“大笨熊”一样。“我很尊重你，但就是看不上你！”

《达那厄》（Danae），1545

有一次，米开朗琪罗去拜访提香，在欣赏完他的《达那厄》（宙斯化身成黄金雨和达那厄相会的故事）后，对徒弟瓦萨里说："威尼斯艺术家就是不重视素描，所以不可能在方法上有所突破。"

这句话是什么意思呢?

在佛罗伦萨，大多数画家都受到乔托的影响，他们觉得构图才是绘画的根本。要画得像，就得专心研究构图和素描，而威尼斯画派则更重视色彩，其实这就是审美偏好的问题。

说到这里，就要提到一个人，他的名字叫

乔尔乔内

（Giorgione）。

他是提香的师兄，也是威尼斯画派的开山鼻祖之一。

在他出现之前，威尼斯画家都是佛罗伦萨那批超级巨星们的"脑残粉"。

其中虽然也有大师级人物，却没什么很明显的个人风格。比如提香和乔尔乔内的师父——**贝利尼（Bellini）**，他以画圣母闻名，却和拉斐尔画的圣母没太大差别。

《自画像》（Self-Portrait）
乔尔乔内
约 1510

《圣母子、施洗者约翰与圣伊丽莎白》
（Madonna and Child with Saints John the Baptist and Elizabeth）
贝利尼
1490—1500

《金翅雀圣母》
（The Madonna of the Goldfinch）
拉斐尔
1505—1506

乔尔乔内心想：老是“山寨”佛罗伦萨画派多无聊啊，我要玩点儿新鲜的！

于是，他干脆不打素描底稿，直接往画布上刷颜料，而且他追求的色彩也是大自然真实的颜色。

了解一点艺术史的朋友可能会说，这不就是**印象派吗？**

没错！其实，印象派的那套理念早在其开创的 300 多年前就已经有人想到了。

但如果我们现在要把乔尔乔内的画和印象派的画放在一起，对于一个普通的现代人来说，可能很难分辨。这又是为什么呢？

其实这也很好理解，一名文艺复兴时期的画家如果真的画出莫奈、雷诺阿那种作品，那我估计他可以很顺利地把自己饿死。当时的人对审美的接受程度还远远没有那么超前，这就相当于在清朝穿比基尼游泳……**领先一步是超前，领先两步则会让人死得很惨。**

《卡斯泰尔弗兰克圣母》（The Castelfranco Madonna）
乔尔乔内
1503—1504

在今天来看，虽然乔尔乔内的画和当时其他画家的作品似乎没有太大的差别，但对我们来说，这些作品都是“古典绘画”。

当时，他的画就已经很超前了。

从题材上来说，当时的作品题材不是取自《圣经》就是神话，画什么都要有个典故。而乔尔乔内的许多作品就让当时的人看得莫名其妙，甚至让许多学者怀疑自己的知识积累。

《撑伞的女人》（Woman with a Parasol），克劳德·莫奈（Claude Monet），1875

瓦萨里曾经提到过这样一件事：有一次，乔尔乔内和一名雕刻家争论**“雕塑和绘画究竟哪个比较好”**这个问题。雕刻家认为，相比于绘画，雕塑的优点在于可以360度全方位观看。而乔尔乔内不赞成这个观点，他认为看画的时候人完全不用动，就能看到艺术家想要表现的所有角度。（可见他不光有印象派的思维，还有一颗想要发明电视机的心。）

这听上去似乎有点不可思议，但乔尔乔内真的做到了。

他画了一个转身背对观众的裸男，脚下的池水映出男人的正面。一旁是他刚脱下的胸甲，从胸甲的表面可以清楚地看到他的左侧，而在右侧面有一面镜子，可以反射出他的右侧。

就这样，乔尔乔内在一个二维空间里表现出了360度的视觉效果。

可惜，我们只能在文字记载中找到对这幅画的描述，没人知道它现在究竟在哪儿、长什么样子。

《暴风雨》（The Tempest）
乔尔乔内，约1503—1508

《武士肖像》（Portrait of a Military Captain with his Squire）（传）
乔尔乔内，1518—1522

不过，这个故事应该是确有其事的，因为乔尔乔内的确很喜欢画盔甲，还喜欢通过金属的反光营造空间效果。

其实，乔尔乔内存世的作品很少，因为他只活到 33 岁。如果他能活得久一点，以他的才华，很可能会成为改变艺术史的人。（所以说，活得久比什么都重要，因为活得久，作品就会多！当然，如果你是凡·高的话，可以当我没说……）

而我们的主角——提香，就活得很久。（官方说他活到了 87 岁，但据说他的真实年龄有 100 多岁，不过 87 岁也算是活得很久的了。）

《手持头盔的男孩肖像》（Portrait of a Boy with Helmet）（传）乔尔乔内，约 1510

之所以要花这么多篇幅在乔尔乔内身上，是因为提香的风格在很大程度上受到了乔尔乔内的影响。与其说乔尔乔内是提香的师兄，倒不如说他更像是提香的师父。

从提香这幅《酒神巴克斯和阿里阿德涅》（*Bacchus and Ariadne*）中，我们就能看出他继承了师兄乔尔乔内的衣钵。

这幅画展现的是阿里阿德涅被英雄忒修斯抛弃之后和酒神巴克斯相爱的故事。这是希腊神话中的一个桥段，注意画面中这个被蛇缠绕的裸男，从他的动作和肢体语言来看，他应该是《荷马史诗》中的先知——拉奥孔。他在这幅画中出现，完全是一种乱入，这就好像孙悟空大闹天宫的时候突然飞出来一个白骨精……虽然是同一出戏里的角色，但是出场顺序乱了，这让许多人看得莫名其妙。这点就很**“乔尔乔内”**。

《酒神巴克斯与阿里阿德涅》（Bacchus and Ariadne），1520—1523

在色彩的搭配方面，提香也很讲究。

注意画面中心那个“敲锣女”，她的上衣是暖色系的黄色，下半身是冷色系的蓝色。

其实，整幅图的色彩也是蓝黄（冷暖）搭配的，左上角的蓝天搭配右下黄色的裸男。

在裸男的脚边，还有一朵蓝色的小花。

值得注意的是画面中心的巴克斯，他披风的这种红色在当时整个意大利只有提香一个人能调出来，被称为

提香红。

这可能就是提香青出于蓝胜于蓝的地方。

相传，乔尔乔内和提香的关系其实并不好，因为当时提香模仿乔尔乔内已经到了没人能分辨的地步。

在卢浮宫的《蒙娜丽莎》的展墙背后有一幅画，据说是提香和乔尔乔内的“合作款”。

不是关系不好吗？怎么还一起画画？

因为乔尔乔内画到一半不画了，不是矫情，是真的没法画了……因为他死了。

于是，提香便接过了画笔，帮师兄完成了剩下的部分。

这幅画究竟哪些部分出自提香之手，直到现在都很难分辨。

一个靠“山寨”自己发家的师弟，结果却混得比自己好，这种事相信谁都无法接受吧？

提香之所以混得那么好，除了命长，还有一个最主要的原因——**会拍马屁！**

前面提到过，当时所有有权有势的人几乎都是提香的客户，就因为他有一手画肖像画的绝活。

《田园合奏》（Pastoral Concert），乔尔乔内和提香，1508—1510

当时的肖像画都是那种类似硬币头像的呆子脸，而提香的肖像画则让人物在画中“动”了起来。

《戴红帽子的男子画像》（Portrait of a Man in a Red Cap），约 1510—1516

不仅如此，他还能通过人物的穿着和周边的环境，满足客户低调炫富的心理。由于他服务的客户都是达官显贵，所以我自然而然地认为，提香是个很会拍马屁的人。

《伊莎贝拉·德·艾斯泰画像》
（Portrait of Isabella d'Este）
1534—1536

《葡萄牙的伊莎贝拉女皇》
（Isabella of Portugal）
1548

但仔细想想，这不就是今天人们一直挂在嘴边的**“匠人精神”**吗？今天，这个词已经被广告商用滥了，人人都知道，却很少有人能说出这个词的真正含义。

在我看来，所谓的“匠人精神”，其实在某种程度上就是：

让客户满意！

比如说，木匠用量身定制的家具来配合使用者的身高、体重，裁缝用不同的面料和剪裁为客户带来更舒适的穿衣体验……所谓“匠心”，就是更用心地做别人都在做的事情，目的就是**让客户满意！**

这么说起来，提香的肖像画不就是最能体现“匠心”吗?

下面这幅画，就是让客户满意的经典案例——**《乌比诺的维纳斯》**。

这幅画本来不叫这个名字，加上“维纳斯”就是为了听起来没那么色情。

《乌比诺的维纳斯》（Venus of Urbino），1538

没错！这就是一幅古代定制版的**“春宫图”**。

故事是这样的：当时乌比诺公爵（Guidobaldo Ⅱ）结婚 4 年，妻子 15 岁……是的，她结婚的时候才 11 岁。（哎呀！对于古代人的结婚年龄，没必要那么较真儿。）

一个 15 岁的小姑娘懂什么情趣？所以公爵找到了提香，希望他能给自己的卧室画一幅画，主要的用途就是“教育”他年幼的老婆……

因此，就出现了画中这个撩人的姿势。

《圭多巴尔多二世·德拉·罗维雷》
（Portrait of the Guidobaldo Ⅱ della Rovere）
布龙齐诺（Bronzino）

这个姿势后来也成为西方绘画中的一种经典构图，戈雅（Goya）和马奈（Manet）的作品中都用过。

但其实这个姿势不是提香原创的，乔尔乔内早在 28 年前就用过了。

只不过乔尔乔内画的维纳斯闭着眼睛，看上去很清纯、很有仙气。而提香画的维纳斯好像正在盯着一个刚走进房间的人，她眼神暧昧，仿佛在对那个人说：“Come on，baby！（来吧，宝贝！）”

注意，在“维纳斯”的脚边还躺着一条小狗。小狗象征忠诚，意思是说“你要性感，但是只能对我一个人性感”。而小狗正在酣睡，说明进来的是一个它很熟悉的人——**乌比诺公爵**。

《裸体的玛哈》（The Nude Maja）
戈雅，1795—1800

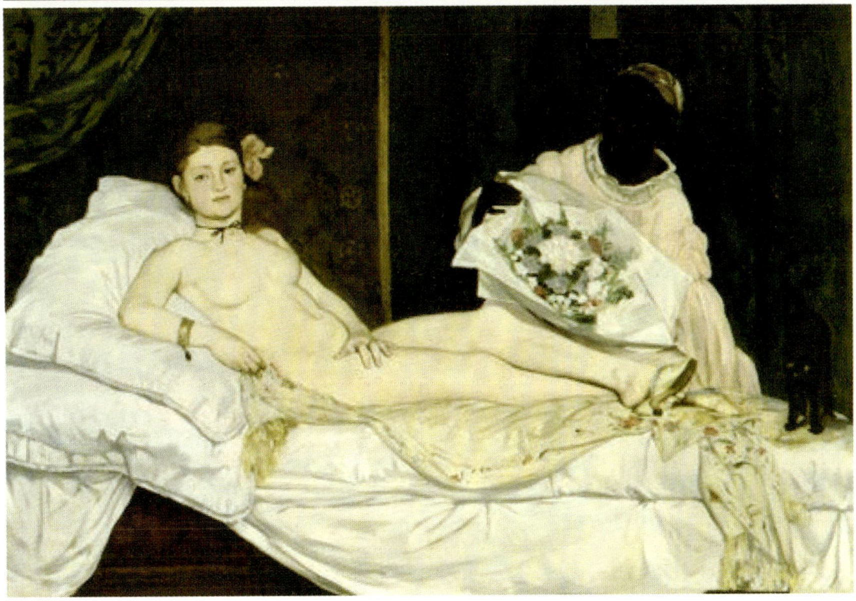

《奥林匹亚》（Olympia）
马奈，1863

《沉睡的维纳斯》（The Sleeping Venus）
乔尔乔内，1510

不难想象，当公爵大人看到这幅画的时候，他一定很满意吧！

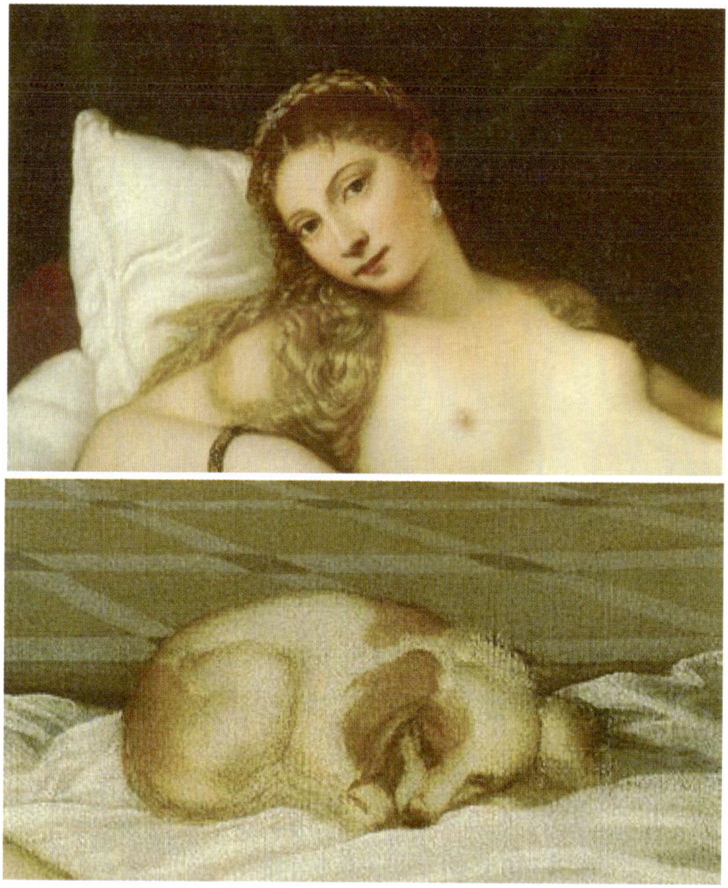

总结下来，提香就是个业务水平高、口碑好、服务棒的匠人！

套用成功学书籍里常用的一句话：

提香的成功，并不是偶然的！

文艺复兴根本不存在
ECCE HOMO
INRI

在本书的最后一章，我想聊聊对文艺复兴的看法。

首先，我得说说

乔尔乔·瓦萨里
(Giorgio Vasari)。

他是历史上第一个艺术史学家，听起来很厉害吧！

1550 年，瓦萨里出版了一本名叫《艺苑名人录》的书。这是历史上第一本艺术史书，也是在这本书里，第一次出现了“文艺复兴”这个词。

文艺复兴和中世纪、巴洛克、印象派一样，其实就是一个名字，取名字的人本身是带着主观性和偏见的。

瓦萨里出于对自己所处时代的高度自信，以及对之前时代（中世纪）的鄙视，才想出了“复兴”这样的词。中世纪的艺术真的有那么烂吗？其实未必。因为艺术史从来都是一个时代颠覆前一个时代，就像历史上的改朝换代一样。

当然，瓦萨里能够意识到自己所处时代的伟大，也是一件挺不容易的事情。这就好像我现在告诉你，21 世纪的艺术比文艺复兴时的还要伟大，你一定会觉得这就是个笑话。

但 500 年后呢？500 年呀！连石猴都能修炼成和尚，还有什么事不会发生？

人们往往看不到自己所处的这个时期有多伟大，而瓦萨里当时就能够预判出这是一个伟大的时期，并把它记录下来。这本身就是一件很伟大的事情。

《自画像》（Self-Portrait）
乔尔乔・瓦萨里
1550—1567

在判定自己的时代很伟大之后，瓦萨里接下来做的事情，就是尽其所能地在这个时代留下他的痕迹。你如果有机会去佛罗伦萨，就会发现他的名字贯穿着整个文艺复兴时期。

他是米开朗琪罗的徒弟，为圣母百花大教堂的穹顶画了天顶画，为美第奇家族建造了一条走廊（瓦萨里长廊）；他还是佛罗伦萨美术学院的第一任校长。

ECCE HOMO

《最后的审判》（The Last Judgment）
瓦萨里，费德里科·祖卡里（Federico Zuccari）
圣母百花大教堂穹顶，1572—1579

瓦萨里长廊

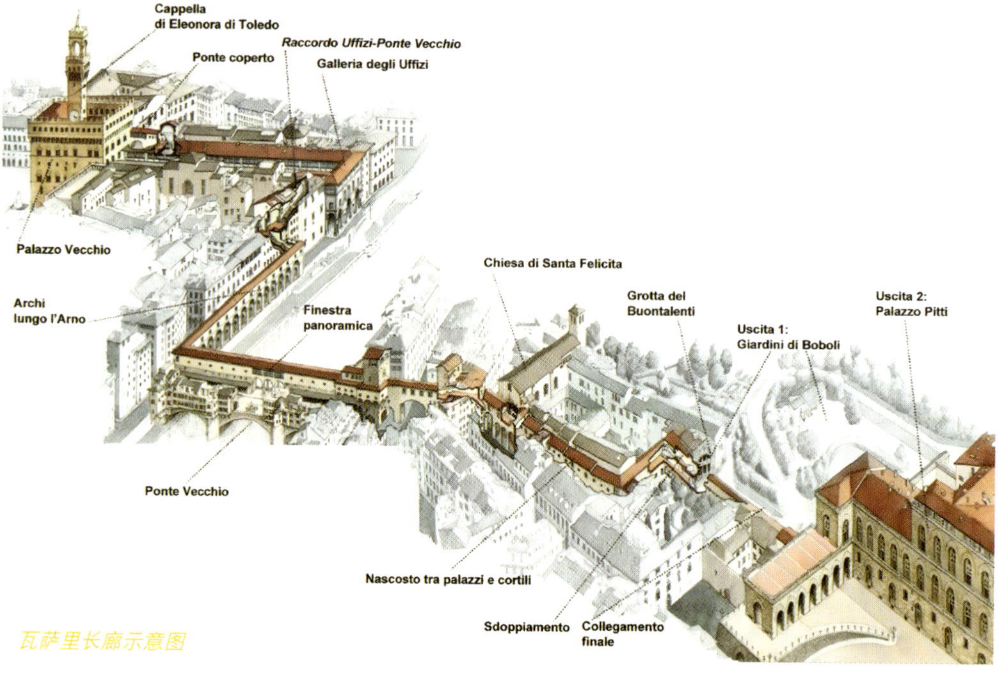

瓦萨里长廊示意图

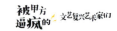

当然，最有名的还是他那本《艺苑名人录》。如果没有这本书，那些大师们的故事可能就会随风而散，没人知道。人生最重要的其实是认清自己的能力，在你的艺术才华并不

出类拔萃时，你可以试着讲讲故事、写写书什么的（像我这样），说不定也能走出一条阳关大道。

那个时候的人写一本有关艺术类的书远比现在要麻烦，因为当时没有照片，更没有互联网，想要看到那些艺术家的作品，就必须到处旅行踩点，去各种教堂，拜访每个艺术家的画室。

然后，再把他所看到的画作和雕塑用文字的方式表述出来，这样难免会有偏差，也会带着主观喜恶。比如：瓦萨里就特别推崇米开朗琪罗的作品，因为米开朗琪罗是他的师父；反之，他不怎么待见乔尔乔内的画，因为他是个没去过罗马的乡下人。

虽然用文字描绘艺术品会有一些局限性，但在写艺术家的奇闻逸事这方面，瓦萨里却有先天的优势。

因为他本人就是一个艺术家！

他当时扮演的角色就像一个转行做“八卦记者”的艺人，因为自己本来就是混演艺圈的，所以听到绯闻的渠道有很多。

这就好像我以一个“过气网红”的身份写一本关于自媒体的书，如果 500 年后自媒体时代也变成一个伟大的时期，那我可能就是下一个瓦萨里了。哇，想想就好激动……

喂！醒醒！

总之，可能你会觉得，我把这些伟大的艺术家比喻成某些制造绯闻的艺人，听上去很不恰当。但其实，他们远没有我们想象中那么高级。当时的那些艺术家就人品而言，有的甚至还不如我们今天的某些明星。

今天的明星最多制造一些八卦新闻，而当时的艺术家制造的都是社会新闻，而且都是可以上案件聚焦级别的。

就拿著名的雕塑家切利尼（Benvenuto Cellini）为例。

他在艺术方面的才华毋庸置疑，他的代表作——**青铜雕像《举着美杜莎脑袋的珀尔修斯》（*Perseus with the Head of Medusa*）**，现在就在米开朗琪罗的《大卫》对面站着。

然而，切利尼在扰乱社会治安、打架斗殴和谋杀凶杀方面，也有着常人无法企及的“造诣”。他在自己的账簿里记载道：“1556 年 10 月 26 日，我出狱了，和仇家休战一年，各自交了 300 个金币的保证金。”

类似的事情在切利尼的一生中比比皆是。有一次，他和人在路上发生冲突，然后一拳就把对方打晕了，事后还单枪匹马冲到对方家里威胁“要杀他全家”。

被切利尼杀掉的人遍布整个意大利，甚至连法国都有。其中有他的仇家，也有妓女、酒店老板，甚至还有贵族和强盗。有一次，他用一把大砍刀砍死了一个卫兵，这个案子被告到了教皇那里，结果切利尼做了几件精美的首饰献给教皇，居然就没事了！

切利尼雕像

《举着美杜莎脑袋的珀尔修斯》
（Perseus with the Head of Medusa）
本韦努托·切利尼（Benvenuto Cellini）
1545—1554

教皇甚至说："像切利尼这样独一无二的艺术家，不应该受法律约束，因为我知道他完全没有错。"

也许你会认为，像切利尼这样的无赖应该只是艺术家里的个别案例吧？其实还真不是！

之前讲过的那个韦罗基奥，在年轻的时候因打架斗殴杀过人。有一次，拉斐尔的徒弟要追杀一个叫罗索的人，只是因为这个"啰唆"嘴欠，说了两句拉斐尔的坏话，真的只是因为说了几句坏话而已！这还不算是最夸张的，瓦萨里每天和他的徒弟曼诺同床睡觉，因为他的指甲太长不小心划伤了曼诺，曼诺从此下定决心要杀了师父。（曼诺是男的，而且比瓦萨里年轻许多，这故事的信息量是不是很大？）

《盐罐》（Saltcellar）
本韦努托·切利尼（Benvenuto Cellini）
1540—1543

所以，文艺复兴时期的艺术家和我们想象中的文艺青年形象基本没什么关系。他们更像是梁山好汉，平时逛街也随身带着刀，一言不合就拔刀互砍。这其实和当时的社会状况是分不开的，老百姓并不受警察和法律的保护，被人欺负了也没地方报警。万一遇到什么连环杀人狂，当地族长或者权威人士才可能会带着村民举着火把去围捕，抓住以后也不会移交有关部门处理，直接用私刑了断就算了。

生活在文艺复兴时期的老百姓，最好的生存方式就是学会自卫。那些艺术家不光会带着刀、穿着盔甲上街，还会自己研发武器（火药、火枪）。贵族们更是把城堡打造得密不透风，美第奇家族的那条“瓦萨里长廊”就是为了避免暗杀而造的。

所以，尽管各个时代的艺术家都对文艺复兴时期的艺术无比向往，但真要让他穿越到那时候，可能一天都活不了。

最后（这次真的是最后了），我想分享一个自己的看法。

在我看来，“文艺复兴”这个概念其实并不存在，它不过就是瓦萨里用来拔高整本书的 slogan（品牌口号）罢了。

确实，和之前的中世纪相比，文艺复兴的艺术的确有了翻天覆地的变化。但在人类历史中，只要是太平盛世，艺术都会振兴！别说在西方，中国的宋朝和明朝也都经历过文艺大爆炸，因为人一旦能够吃饱肚子，就开始闲不住，然后发展艺术。

然而，在每次“大爆炸”之前，都会有一些前兆：

1. **中产阶级人群开始对艺术产生兴趣。**
2. **有那么几个艺术家开始冒头（乔托、米开朗琪罗、达·芬奇等）。**
3. **背后有一个大财团的资助（美第奇家族）。**

这样看来，我们现在很有可能正处于一次“大爆炸”的前夕。因为所有条件似乎都已经具备了。

甚至有可能**“爆炸”已经开始了，**只不过我们正处于“爆炸”的中心而自己看不到罢了。

这次就到这儿吧！